Jahreszeiten
mit Gabi Wolpensinger

Frühling / Sommer

für den Thermomix TM31

Urheberrechte für die Rezeptsammlung liegen bei **Gabi Wolpensinger**
Veröffentlichungsrechte:
2013 Versand- u. Verlagsbuchhandlung Michaela Keller

Lektorat und Redaktion: Michaela Keller

Verlag: Versand- und Verlagsbuchhandlung Michaela Keller, Im Gaiern 10, 71287 Weissach-Flacht

Internet: http://**www.tm-kochbuch.de**
E-mail: info@keller-versandbuchhandlung.de

Satz, Layout und Druck:
Versand- und Verlagsbuchhandlung Michaela Keller
Bildmaterial auf dem Umschlag © Gabi Wolpensinger
Bildnachweis Innenseiten: Alle Rezeptbilder © Gabi Wolpensinger

ISBN 978-3-942777-10-1
Auflage November 2013

Hinweis:
Die vorliegenden Rezepte können mit der Küchenmaschine Thermomix TM 31 zubereitet werden.
Alle in diesem Buch enthaltenen Angaben, Daten, Ergebnisse etc. wurden von der Autorin nach bestem Wissen erstellt und von ihr und dem Verlag mit größtmöglicher Sorgfalt überprüft. Eine Verantwortung und Haftung für etwaige inhaltliche Unrichtigkeiten kann jedoch nicht übernommen werden. Der Haftungsausschluss gilt nicht, soweit nach dem Produkthaftungsgesetz für Personen- und Sachschäden gehaftet wird. Jeder Leser muss beim Umgang mit den genannten Stoffen, Materialien, Geräten usw. Vorsicht walten lassen, Gebrauchsanweisungen und Herstellerhinweise beachten sowie den Zugang für Unbefugte verhindern

Impressum

Tipps und Infos:

▷ **Selbstgemachter Vanillezucker:** Die ausgekratzten Vanilleschoten lege ich immer in eine verschließbare Schüssel mit Zucker. Dieser nimmt das Aroma an. Ich verwende es anstatt Vanillezucker aus der Tüte.

▷ **Klebt Teig** nach dem Umfüllen am Messer, den Mixtopf nochmals einsetzen und 2 Sekunden / Stufe 7 hochdrehen. Der Teig wird dadurch an die Mixtopfwand geschleudert und kann mit dem Spatel besser entnommen werden.

▷ Die **Backofentemperaturen** können von Ofen zu Ofen etwas variieren. Bitte auf die eigenen Erfahrungen achten! Bessere Backergebnisse erhalten Sie immer mit Ober-/Unterhitze statt mit Umluft.

▷ Bei **Weizenallergie** kann man das Weizenmehl Type 405 gegen Dinkelmehl Type 630 und Weizenmehl Type 1050 gegen Dinkelmehl Type 1050 austauschen.

▷ **Rührteige** dürfen nicht zu lange gerührt werden. Die angegebenen Zeitangaben unbedingt einhalten, sonst wird der Teig „überrührt" und der Kuchen nach dem Backen „speckig"!

▷ Alle **Zutaten für einen Mürbteig** sollten kalt sein. Mürbteige nicht zu lange rühren. Ansonsten wird die Butter warm und dadurch der Teig zu feucht! Der Teig soll krümelig sein, wenn er auf die Arbeitsmatte umgefüllt wird. Von Hand kurz zusammenkneten, eine Kugel formen und in Frischhaltefolie eingepackt 1 Stunde kalt stellen. Erst dann weiterverarbeiten.

▷ **Bei Teigen mit Backpulver:** das Mehl in den Mixtopf abwiegen, das Backpulver zugeben und mit dem Spatel mit dem Mehl vermischen. Nie direkt Flüssigkeit auf das Backpulver geben.

▷ Bei **Hefeteigen** lauwarmes Wasser (25°-28°C) verwenden. Die Hefe immer in die Flüssigkeit geben.

▷ Falls beim **Brotbacken** der Laib zu groß ausfallen würde, backen Sie den restlichen Teig in einer Mini-Kastenform als Brötchen ab.

Tipps

Die besten Ergebnisse beim Backen erhält man, wenn ….

❋ der Teig lange genug geknetet wird : mindestens 4 Minuten!

❋ man dem Teig Zeit lässt, damit er aufgehen kann: optimal ist, wenn sich das Volumen verdoppelt hat!

❋ das Salz beim Einfüllen nicht direkt mit der Hefe in Berührung kommt!

❋ man den Teig nach dem Aufgehen nochmals knetet!

❋ man den Hefeteig in den vorgeheizten Backofen schiebt, so dass sich die Poren schnell schließen können und die Teigoberfläche nicht so schnell austrocknet.

❋ man einen Backstein verwendet, dann werden Brot/Brötchen knuspriger. Nur muss man darauf achten, dass er immer auf der untersten Schiene eingeschoben werden sollte.

❋ man verwendet kleine Mengen von Hefe! 5 g Hefe reichen für ein Brot aus. Die Gärzeit verlängert sich, der Teig benötigt einige Stunden um sich zu verdoppeln. Dafür erhalten Sie ein deutlich schmackhafteres Brot.

Von uns verwendete Küchenhelfer:

Gärkörbchen

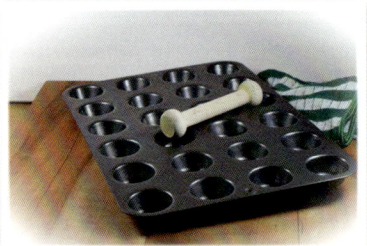
Mini-Kastenform

Springform-Einleger

Kastenform-Einleger

Silikon-Arbeitsmatte

Gärtuch

Brötchenstempel

Pizzastein

Tipps

Frühling

Pizzateigherzen

600 g Weizenmehl Type 1050
10 g Zucker
10 g Hefe
10 g Salz
30 g Olivenöl
30 g Weißwein
340 g lauwarmes Wasser

Zutaten für den Teig in den Mixtopf geben und **8 Minuten / Knetstufe** kneten.

Den Teig auf eine Arbeitsmatte umfüllen, rundwirken und in einer Schüssel zugedeckt ruhen lassen (Bild 1), bis sich das Volumen verdoppelt hat.

In 10 Stücke teilen, rundwirken, zu einer Rolle formen. Als Herz geformt auf ein gefettetes Backblech geben (Bild 2).

 Im vorgeheizten Backofen bei **200°C Ober- / Unterhitze ca. 20 Minuten** backen, bis die Herzen leicht gebräunt sind.

Durch die Herzen Servietten ziehen.

Dekorationstipp:

Nährwerte je 100 g:

230,85 kcal
965,46 KJ
6,06 g Eiweiß
3,50 g Fett
42,66 g Kohlenhydrate
2,53 g Ballaststoffe
3,56 BE

Backen

Kräuterschnecken

 Den Backofen auf **200°C Ober- Unterhitze** vorheizen!

370 g Buttermilch

in den Mixtopf geben und **2 Minuten / 37°C / Stufe 1** erwärmen.

350 g Dinkelmehl Type 630
250 g Weizenmehl Type 1050
1 gestr. TL Salz
1/2 Würfel Hefe

Restliche Zutaten zugeben, **6 Minuten / Knetstufe** kneten. (Hefe darf nicht mit dem Salz in Berührung kommen!)

Umfüllen, rundwirken und 20 Minuten an einem warmen Ort gehen lassen.

10 g frische Kräuter

in den Mixtopf geben und **3 Sekunden / Stufe 8** zerkleinern.

80 g eingel. getrocknete Tomaten, abgetropft
150 g Schafskäse
1 Ei Gr. M
Salz & Pfeffer

Restliche Zutaten zugeben und **5 Sekunden / Stufe 5** vermengen.

Den Hefeteig zu einer Platte auswellen, die Kräutermischung darauf verteilen (Bild 1), aufrollen (Bild 2) und in jeweils 2 cm dicke Scheiben schneiden. Auf ein mit Backfolie ausgelegtes Blech setzen (Bild 3).

 Im vorgeheizten Backofen bei **200°C Ober- / Unterhitze ca. 25 Minuten** backen.

Nährwerte je 100 g:

216,88 kcal
908,83 KJ
9,24 g Eiweiß
4,16 g Fett
34,82 g Kohlenhydrate
3,00 g Ballaststoffe
2,82 BE

Backen

Kräuterpaste

Tipp für Schnittlauch:

mit der Schere 4-5 cm lange Stücke in den Mixtopf schneiden (Bild 2).

100 g gemischte Kräuter
(Basilikum, Schnittlauch,
Rosmarin, Petersilie)
1 Knoblauchzehe

Alle Zutaten in den Mixtopf geben und **3 Sekunden / Stufe 7** zerkleinern (Bild 1 + 2).

10 g Meersalz
30 g Olivenöl

Salz und Öl dazugeben. **10 Sekunden / Stufe 4** durchrühren.

Falls die Kräuter noch zu grob sind, Paste umfüllen und auf das laufende Messer bei **Stufe 8** geben.

In ein Glas mit Schraubverschluß umfüllen. Über die Kräutermasse 1 cm Olivenöl als Deckschicht gießen. Bleibt die Deckschicht erhalten, so ist die Paste mindestens ½ Jahr haltbar. Für Suppen, Soßen oder als Brotaufstrich.

NICHT im Kühlschrank aufbewahren!!

Tipp: Beispiele für mögliche Varianten: Oliven-Bärlauch, Basilikum-Knoblauch, Estragon-Melisse, schwarze Oliven-Sardellen, Basilikum-Oregano.

Nährwerte je 100 g:
219,82 kcal
920,82 KJ
2,83 g Eiweiß
21,47 g Fett
4,43 g Kohlenhydrate
3,68 g Ballaststoffe
0,37 BE

Backen

Kräuterbrot

70 g Kräuterpaste	nach dem Rezept auf Seite 10 zubereiten.
200 g Dinkel	in den Mixtopf geben. **40 Sekunden / Stufe 10** zerkleinern.
240 g lauwarmes Wasser	zugeben und **10 Minuten / 50°C / Stufe 2** erwärmen. Eine halbe Stunde abkühlen und quellen lassen.

450 g Weizenmehl Type 405
2 TL Salz
10 g Hefe
160 g Wasser
1/2 TL Zucker
40 g Olivenöl

Restliche Zutaten zugeben und **6 Minuten / Knetstufe** kneten. Den Teig in eine Schüssel umfüllen und gehen lassen, bis sich das Volumen verdoppelt hat.

Den Hefeteig mit Mehl ca. 2 cm dick ausrollen, mit Kräuterpaste bestreichen und aufrollen. Die Rolle der Länge nach 1 cm tief einschneiden, am oberen und unteren Ende nicht schneiden. Die Rolle in sich verdrehen.

⇛ Im vorgeheizten Backofen mit **Ober- / Unterhitze bei 225°C ca. 35 Minuten** backen.

Backen

Nährwerte je 100 g:

232,88 kcal

974,65 KJ

5,82 g Eiweiß

5,38 g Fett

39,78 g Kohlenhydrate

2,94 g Ballaststoffe

3,32 BE

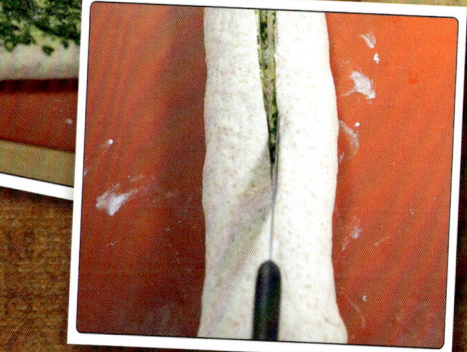

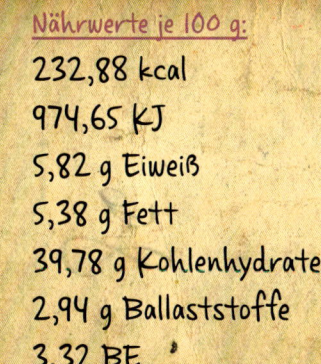

Laugenzöpfle

550 g Weizenmehl Type 405
30 g Hefe
40 g Butter
1 TL Zucker
1 gestr. EL Salz
100 g lauwarmes Wasser
200 g Vollmilch

Nährwerte je 100 g:

248,50 kcal

1039,56 KJ

7,04 g Eiweiß

4,97 g Fett

43,26 g Kohlenhydrate

2,58 g Ballaststoffe

3,61 BE

*Zubereitung
der Natronlauge:*

Tipp:

Alle Zutaten in den Mixtopf geben und **6 Minuten / Knetstufe** kneten.

Teig auf der Arbeitsfläche kurz durchkneten und 20 Minuten gehen lassen.

Den Backofen auf **180°C Ober- / Unterhitze** vorheizen.

In 12 Portionen teilen, zu Zöpfle formen (Bild 1) und 40 Sekunden in Natronlauge (Zubereitung siehe unten) legen (Bild 2+3).

Die Teiglinge mit einem Schaumlöffel aus dem Natronbad herausnehmen und auf ein mit Backpapier ausgelegtes Blech legen. Mit Salz oder Sesam bestreuen.

Ca. **35 Minuten** im vorgeheizten Backofen **bei 180°C Ober- / Unterhitze** backen.

Auf einen halben Liter kochendes Wasser 3 gehäufte Teelöffel Natron geben.

Hat man kein warmes Plätzchen für den Hefeteig, heizt man den Backofen auf 50°C und stellt die Temperatur wieder ab. Nun den Hefeteig abgedeckt in den Backofen stellen und gehen lassen.

Backen

1

2

3

Partybrot

200 g Dinkel oder Weizen

450 g Weizenmehl Type 405
200 g Vollmilch
200 g lauwarmes Wasser
2 gestrichene TL Salz
1 TL Zucker
30 g Hefe

Nährwerte je 100 g:

222,59 kcal

931,62 KJ

7,37 g Eiweiß

1,46 g Fett

44,22 g Kohlenhydrate

3,32 g Ballaststoffe

3,69 BE

in den Mixtopf geben und **40 Sekunden / Stufe 10** zerkleinern.

Restliche Zutaten zugeben und **6 Minuten / Knetstufe** kneten.

16 kleine Weckle formen und mit ein wenig Abstand zueinander als Rad, Ball oder Blume auf ein Blech legen und zugedeckt 20 Minuten an einem warmen Ort gehen lassen (Bild 1).

Mit Wasser einstreichen (Bild 2) und abwechselnd mit Sesam, Mohn, Sonnenblumenkernen, Kürbiskernen oder Leinsamen bestreuen (Bild 3).

Mit **Ober- / Unterhitze bei 200°C ca. 25 Minuten** backen.

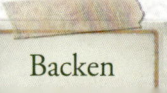
Backen

Obatzder

1/2 Bund Schnittlauch	in 2 cm lange Stücke schneiden, in den Mixtopf geben.
1 Zwiebel	halbieren, schälen und zugeben.
5 Radieschen	putzen, in den Mixtopf geben und alles **5 Sekunden / Stufe 5** zerkleinern.
250 g Camembert	in Stücken zugeben.
10 g Butter 20 g Sauerrahm, 10% 1 gestr. TL Paprikapulver edelsüß 1 gestr. TL Kümmelsamen Salz & Pfeffer	Restliche Zutaten zugeben und **3 Sekunden / Stufe 6** mischen. Die Stückchen mit dem Spatel von der Topfwand nach unten schieben und nochmals **3 Sekunden / Stufe 6** mischen.

Nährwerte je 100 g:

246,73 kcal

1031,39 KJ

15,92 g Eiweiß

19,74 g Fett

1,58 g Kohlenhydrate

0,66 g Ballaststoffe

0,13 BE

Aufstriche

Eieraufstrich

1 Bund Schnittlauch	in 2 cm lange Stücke schneiden, in den Mixtopf geben und **5 Sekunden / Stufe 8** zerkleinern.
1 Zwiebel	halbieren, schälen und zugeben. **5 Sekunden / Stufe 5** zerkleinern. Von der Topfwand mit dem Spatel nach unten schieben.
5 hartgekochte Eier 10 g Mayonnaise 10 g mittelscharfer Senf 30 g Essiggurken	zugeben. **5 Sekunden / Stufe 4** vermischen.
50 g Sahne 150 g Magerquark Salz & Pfeffer	Restliche Zutaten zugeben und **10 Sekunden / Stufe 2** rühren.

Nährwerte je 100 g:
139,43 kcal
584,86 KJ
10,52 g Eiweiß
9,83 g Fett
2,25 g Kohlenhydrate
0,19 g Ballaststoffe
0,19 BE

Eiercreme

1 Handvoll Petersilie (ohne Stiel) 1 Knoblauchzehe	in den Mixtopf geben und **3 Sekunden / Stufe 7** zerkleinern.
1 Essiggurke	zugeben und **2 Sekunden / Stufe 4** zerkleinern.
150 g Sauerrahm 10 % 200 g Frischkäse 1/4 Tl Salz Je 1/4 TL Pfeffer und Paprika 10 g scharfer Senf 3 hartgekochte Eier	Restliche Zutaten in den Mixtopf geben und **8 Sekunden / Stufe 4** mischen.

Scharfer Aufstrich

200 g Schafskäse (Feta) 200 g Frischkäse 40 g Harissa 10 Blättchen Basilikum	Alle Zutaten in den Mixtopf geben und **5 Sekunden / Stufe 5** vermischen.
Info:	Harissa ist eine rote Paste aus scharfen Zutaten wie Chili, Peperoni...

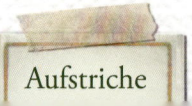

Aufstriche

Nährwerte je 100 g:

204,07 kcal

854,43 KJ

9,12 g Eiweiß

17,64 g Fett

2,38 g Kohlenhydrate

0,12 g Ballaststoffe

0,20 BE

Nährwerte je 100 g:

267,39 kcal

1120,75 KJ

12,71 g Eiweiß

23,07 g Fett

2,37 g Kohlenhydrate

7,05 g Ballaststoffe

0,20 BE

21

Kräutercreme

40 g geröstete Sonnenblumenkerne
1 Knoblauchzehe
40 g Kräuter (Sauerampfer,
Schnittlauch,in 4-5 cm langen Stücken,
Petersilie)

in den Mixtopf geben und **5 Sekunden / Stufe 7** zerkleinern.

100 g Schafskäse
100 g Magerquark
80 g Schlagsahne
Salz & Pfeffer

Restliche Zutaten zugeben und **10 Sekunden / Stufe 4** vermischen.

Nährwerte je 100 g:

221,73 kcal

929,37 KJ

11,64 g Eiweiß

17,70 g Fett

4,24 g Kohlenhydrate

1,22 g Ballaststoffe

0,35 BE

Aufstriche

Apfel-Erdbeer-Chutney

1 Knoblauchzehe 2 Chilischoten	in den Mixtopf geben und **5 Sekunden / Stufe 5** zerkleinern.
20 g Olivenöl	zugeben und **3 Minuten / Garstufe / Stufe 1** dünsten.
300 g Tomaten	halbiert zugeben.
500 g säuerliche Äpfel	geviertelt und entkernt zugeben.
200 g Erdbeeren	geputzt zugeben. **15 Sekunden / Stufe 6** zerkleinern.
40 g Tomatenmark 1 EL Meersalz, Pfeffer 50 g Balsamico bianco 200 g Gelierzucker 2:1	Alle Zutaten zugeben und **8 Sekunden / Stufe 4** mischen. **20 Minuten / 100°C / Stufe 2** kochen. Abschmecken.
1 Handvoll Basilikum	zugeben und **20 Sekunden / Stufe 10** pürieren.

Sofort in heiß ausgespülte Gläser füllen und verschließen. Es passt sehr gut zu Hähnchengerichten, z.B. Hähnchentopf auf Seite 36.

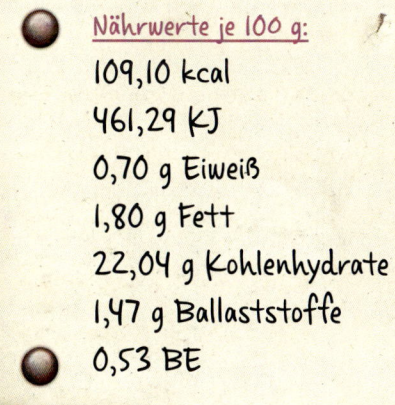

Nährwerte je 100 g:

109,10 kcal

461,29 KJ

0,70 g Eiweiß

1,80 g Fett

22,04 g Kohlenhydrate

1,47 g Ballaststoffe

0,53 BE

Beilagen

Leichte Remoulade

1/2 Bund Schnittlauch	in 2 cm langen Stücken in den Mixtopf geben.
1 kleine Knoblauchzehe	zugeben und **5 Sekunden / Stufe 7** zerkleinern.
40 g Essiggurken 1 TL Kapern	zugeben und **6 Sekunden / Stufe 4** zerkleinern.
100 g Magerquark 100 g Sauerrahm 10% Salz & Pfeffer 10 g mittelscharfer Senf 1 hartgekochtes Ei 5 g Apfelessig	Restliche Zutaten zugeben und **6 Sekunden / Stufe 4** mischen. Nochmals abschmecken!

Als Dipp zu Bratkartoffeln, Grillfleisch, Gemüse uvm.

Nährwerte je 100 g:

98,10 kcal

410,83 KJ

7,91 g Eiweiß

5,54 g Fett

3,62 g Kohlenhydrate

0,29 g Ballaststoffe

0,30 BE

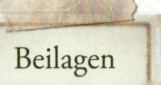
Beilagen

Gemüsekratzete

150 g Champignon, in Scheiben
100 g Möhren, gestiftelt
100 g Brokkoli, in Röschen   Das Gemüse im Garaufsatz verteilen.

Mit 1 TL gekörnter Gemüsebrühe   das Gemüse würzen.

500 g heißes Wasser   in den Mixtopf geben, den Topf verschließen und den Garaufsatz aufsetzen. **12 Minuten / Garstufe / Stufe 2** garen. Auskühlen lassen.

1 Knoblauchzehe   in den trockenen Mixtopf geben. **5 Sekunden / Stufe 5** zerkleinern.

70 g mittelalter Gouda   zugeben und **5 Sekunden / Stufe 6** zerkleinern.

2 Eier Gr. M
150 g Vollmilch
100 g Weizenmehl Type 405
Salz & Pfeffer   zugeben und **10 Sekunden / Stufe 5** mischen.

Sonnenblumenöl   in einer beschichteten Pfanne erhitzen. Das Gemüse in die Pfanne geben und den Teig über das Gemüse gießen. Beidseitig ausbacken. Die Kratzete in mundgerechte Stücke verzupfen.

Mit Remoulade servieren!

Nährwerte je 100 g:
134,24 kcal
561,93 KJ
7,37 g Eiweiß
6,69 g Fett
11,02 g Kohlenhydrate
1,81 g Ballaststoffe
0,91 BE

Salatröllchen

800 g heißes Wasser 150 g Weißwein 2 TL gekörnte Gemüsebrühe	in den Mixtopf geben.
100 g Langkornreis	in das Garkörbchen einwiegen, durchspülen. In den Mixtopf einhängen, Deckel mit dem Messbecher verschließen und **30 Minuten / Garstufe / Stufe 2** garen. 5 Minuten abkühlen lassen.
100 g Salatgurke	schälen, in großen Stücken in den Mixtopf geben (Bild 1) und **4 Sekunden / Stufe 4** zerkleinern. In ein Sieb geben.
1/2 TL Salz	darüberstreuen, Gurke abtropfen lassen und ausdrücken (Bild 2).
100 g Paprika	in Stücken in den Mixtopf geben, **3 Sekunden / Stufe 4-5** zerkleinern (Bild 3).
1 Dose Thunfisch in Öl, abgetropft 15 g Zitrone 60 g Crème fraîche abgekühlter Reis und Gurke	Restliche Zutaten zugeben und **20 Sekunden / Stufe 2** vermischen.
Mit je 1/2 TL Salz & Pfeffer	abschmecken.
Kopfsalatblätter	Reisfüllung auf den Kopfsalatblättern verteilen, seitlich einschlagen und aufrollen (Bild 4).

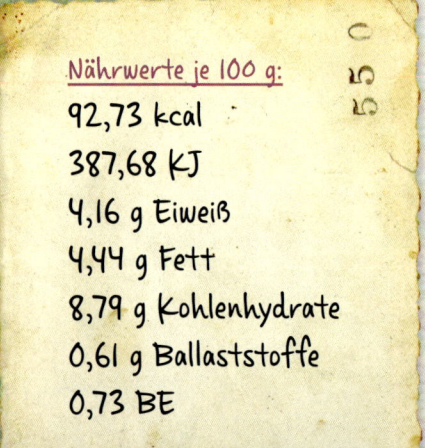

Nährwerte je 100 g:

92,73 kcal

387,68 KJ

4,16 g Eiweiß

4,44 g Fett

8,79 g Kohlenhydrate

0,61 g Ballaststoffe

0,73 BE

Beilagen

Geflügelsalat

1200 g heißes Wasser 10 g Butter 20 g gekörnte Gemüsebrühe	in den Mixtopf geben.
1 Hähnchenbrustfilet (ca. 300 g)	Das Garkörbchen einhängen und das Fleisch hineinlegen. **30 Minuten / Garstufe / Stufe 1** mit dem aufgesetzten Messbecher garen. Fleisch herausnehmen, abkühlen lassen und würfeln. Brühe für eine Suppe verwenden.
50 g Walnüsse	in den Mixtopf geben, **10 Sekunden / Stufe 4** zerkleinern und **3 Minuten / Garstufe / Stufe 1** rösten. Mit dem Fleisch in eine Schüssel geben.
1 Stange Staudensellerie	in Stücken in den Mixtopf geben und **3 Sekunden / Stufe 4-5** zerkleinern. Zum Fleisch geben.
40 g getrocknete Feigen	in den Mixtopf geben und **5 Sekunden / Stufe 6** zerkleinern.
Saft von 1 Orange	zugeben.
80 g Vollmilchnaturjoghurt 30 g Mayonnaise Salz, Cayennepfeffer, Curry abgeriebene Schale einer 1/2 ungespritzten Orange	Alle Zutaten zugeben und **5 Sekunden / Stufe 3** mischen. Gut würzen, zum Fleisch geben.
1/4 roter Apfel	halbieren, Kerngehäuse entfernen und in dünne Scheiben schneiden.
Von einer 1/2 Orange	die Schale mit der weißen Haut abschneiden und filetieren. Mit den Apfelscheibchen unter den Salat heben.

Nährwerte je 100 g:

161,73 kcal

677,00 KJ

12,71 g Eiweiß

9,08 g Fett

7,00 g Kohlenhydrate

1,44 g Ballaststoffe

0,58 BE

Putenspießle

1 kleine Zwiebel	halbieren, schälen und in den Mixtopf geben. **4 Sekunden / Stufe 5** zerkleinern.
10 g Aceto balsamico 40 g Balsamico bianco 10 Blättchen Basilikum 30 g Olivenöl 5 g mittelscharfer Senf Rosenpaprika Salz & Pfeffer	Alle Zutaten zugeben und **5 Sekunden / Stufe 6** vermischen. Marinade umfüllen!
1 Knoblauchzehe 1 kleine Zwiebel	in den Mixtopf geben und **5 Sekunden / Stufe 5** zerkleinern.
20 g Butter	zugeben und **3 Minuten / Garstufe / Stufe 3** andünsten.
400 g Putenschnitzel (in Stücke geschnitten)	zugeben und **8 Sekunden / Stufe 6** zerkleinern.
50 g Semmelbrösel + 1 Ei Gr. M 1 TL Rosenpaprika 1/2 TL Kräutersalz	zugeben. **25 Sekunden / Knetstufe** mischen. Kleine Bällchen formen und mit Gemüsestücken wie z.B.
Rote Paprikastücke, Champignonscheiben, Cocktailtomaten, Gurkenscheiben	abwechselnd auf Spießchen stecken. Im Garaufsatz verteilen.
1/2 Liter heißes Wasser mit 1 TL Salz	in den Mixtopf geben. Garaufsatz aufsetzen und **25 Minuten / Garstufe / Stufe 2** dampfgaren.

Spießle auf einer Platte anrichten und mit der Marinade übergießen. Als Beilage einen bunten gemischten Salat servieren.

Im Garaufsatz

Nährwerte je 100 g:

159,98 kcal
670,67 KJ
10,93 g Eiweiß
10,25 g Fett
5,95 g Kohlenhydrate
1,20 g Ballaststoffe
0,41 BE

Gemüsetopf mit Hähnchenstreifen

600 g Kartoffeln	schälen, waschen, vierteln und ins Garkörbchen geben (Bild 1).
1 Hähnchenbrustfilet	in Streifen schneiden.
Mit Salz, Pfeffer, Paprika 1 EL Öl (10 g)	würzen und mit vermischen und in den Garaufsatz legen.
Brokkoli, Blumenkohl (ca. 300 g)	waschen, putzen, in Röschen teilen und neben dem Fleisch verteilen.
250 g Champignons	putzen, in Scheiben schneiden und in den Einlegeboden des Garaufsatzes legen.
1 rote Paprika	in Streifen schneiden und zu den Champignons geben.
1/4 Gurke	schälen, ebenfalls in Scheiben zu Champignons geben.
100 g Weißwein	in den Mixtopf gießen.
400 g heißes Wasser 2 TL gekörnte Gemüsebrühe	zugeben. Garkörbchen mit den Kartoffeln einsetzen, Deckel schließen, Garaufsatz auf den Deckel setzen und **25 Minuten / Garstufe / Stufe 2** garen.

Soße:

Garsud	im Mixtopf lassen.
100 g Sahne 1 EL eingelegte Pfefferkörner Salz & Pfeffer 30 g Weizenmehl Type 405	Alle Zutaten in den Mixtopf geben und **3 Minuten / 100°C / Stufe 2** zu einer Soße einkochen.

Im Garaufsatz

1

Nährwerte je 100 g:

61,45 kcal

257,02 KJ

5,04 g Eiweiß

2,09 g Fett

5,34 g Kohlenhydrate

1,54 g Ballaststoffe

0,44 BE

550

Süß-scharfer Fischtopf

600 g Kartoffeln	schälen, in Scheiben schneiden und in das Garkörbchen füllen.
500 g Fischfilet (z.B. Pangasius) mit Apfelessig mit Salz & Pfeffer	würfeln, säuern und würzen. Im Garaufsatz verteilen.
100 g Ketchup, scharf	über den Fisch geben.
1 rote Paprika	in Stücken auf dem Fisch verteilen.
1 Frühlingszwiebel	in Röllchen schneiden.
120 g Ananasstücke (Dose)	abtropfen, den Saft auffangen. Zusammen mit den Zwiebelröllchen über den Fisch verteilen.
Mit Salz und Cayennepfeffer	würzen.
1/2 Liter heißes Wasser 2 TL gekörnte Gemüsebrühe	in den Mixtopf geben. Das Garkörbchen einsetzen, den Topf verschließen. Den Garaufsatz aufsetzen und **30 Minuten / Garstufe / Stufe 2** garen.

Soße:

Garsud	im Mixtopf belassen.
50 g Ketchup, scharf 20 g Weizenmehl Type 405 50 g Ananassaft (s. oben) Cayennepfeffer	Die Zutaten für die Soße in den Mixtopf geben und **3 Minuten / 100°C / Stufe 4** kochen.

Im Garaufsatz

Nährwerte je 100 g:

68,51 kcal

286,49 KJ

6,40 g Eiweiß

0,71 g Fett

8,64 g Kohlenhydrate

1,16 g Ballaststoffe

0,72 BE

Hähnchentopf mit Spargel

500 g heißes Wasser 2 TL gekörnte Gemüsebrühe	in den Mixtopf geben.
600 g Kartoffeln	schälen, vierteln, in das Garkörbchen geben und das Garkörbchen in den Mixtopf einsetzen (Bild 1).
400 g Hähnchengeschnetzeltes Meersalz & Cayennepfeffer	mit würzen und im Einlegeboden des Garaufsatzes verteilen.
30 g Butter, in Flöckchen	über das Fleisch geben.
350 g Spargel	schälen, holzige Enden abschneiden und in 3 cm große Stücke schneiden. In den Garaufsatz geben.
200 g Möhren, geschält	in Stifte geschnitten zugeben (Bild 2).
	Das Gemüse mit
1 TL gekörnter Gemüsebrühe Pfeffer	würzen. Den Garaufsatz schließen, auf den Mixtopf aufsetzen und **30 Minuten / Garstufe / Stufe 2** garen.
100 g des Garsuds	für die Soße im Mixtopf lassen.
300 g Apfel-Erdbeer-Chutney (Rezept auf Seite 23)	zugeben und **4 Minuten / 100°C / Stufe 3** erhitzen.
	Fleisch mit Soße, Gemüse und Kartoffeln separat anrichten.

Nährwerte je 100 g:

77,01 kcal

322,51 KJ

6,34 g Eiweiß

1,79 g Fett

8,48 g Kohlenhydrate

1,56 g Ballaststoffe

0,51 BE

Im Garaufsatz

Chinakohlkörbchen

80 g mittelalter Gouda	in Stücken in den Mixtopf geben. **5 Sekunden / Stufe 7** zerkleinern (Bild 1). Umfüllen.
3 Frühlingszwiebeln, in Stücken 1 Knoblauchzehe	in den Mixtopf geben. **5 Sekunden / Stufe 5** zerkleinern. Mit dem Spatel von der Mixtopfwand nach unten schieben (Bild 2).
10 g Olivenöl	zugeben und **3 Minuten / Garstufe / Stufe 1** dünsten.
600 g Rinderhackfleisch Salz, Pfeffer und Cayennepfeffer 40 g Ketchup 20 g Semmelbrösel 1 Ei Gr. M	zugeben und **30 Sekunden / Stufe 1** mischen.
8 Blätter Chinakohl	putzen, jeweils 1 Blatt halbieren und aufeinanderlegen. In den Garaufsatz und den Einlegeboden verteilen. Mit der Hackfleischmasse füllen.
8 Scheiben Bacon	jeweils 1 Scheibe über das Hackfleisch legen.
Den zerkleinerten Käse	darüberstreuen (Bild 3).
500 g heißes Wasser 400 g Pizzatomaten (aus der Dose) 2 TL gekörnte Gemüsebrühe	in den Mixtopf geben.
250 g Reis	in das Garkörbchen geben. In den Mixtopf einsetzen. Den Topf verschließen, den Garaufsatz aufsetzen und **30 Minuten / Garstufe / Stufe 2** garen.

Soße:

100 g Sauerrahm 10%	in den Mixtopf zur restlichen Brühe geben und **1 Minute / 100°C / Stufe 3** erhitzen. Sofort servieren!

Im Garaufsatz

Nährwerte je 100 g:

150,33 kcal

628,92 KJ

11,31 g Eiweiß

6,38 g Fett

11,66 g Kohlenhydrate

061 g Ballaststoffe

0,97 BE

Gabis Paella

1 Zwiebel (50 g)	schälen, halbieren und in den Mixtopf geben. **5 Sekunden / Stufe 5** zerkleinern.
20 g Olivenöl	zugeben und **3 Minuten / Garstufe / Stufe 1** dünsten.
150 g Putengeschnetzeltes Salz & Pfeffer	zugeben und mit würzen, **3 Minuten / Garstufe / Linkslauf / Stufe 1** dünsten. In den Garaufsatz umfüllen.
250 g Reis	ins Garkörbchen füllen.
100 g Möhren, geschält	in Stücken in den Mixtopf geben. **4 Sekunden / Stufe 4-5** zerkleinern. Zum Reis in das Garkörbchen geben und vermischen (Bild 1).
Je 1 rote und gelbe Paprika	waschen, Innenwände entfernen und in Stücken in den Mixtopf geben.
1 kleine Zucchini, in Stücken	zugeben. **3 Sekunden / Stufe 4-5** zerkleinern. Zum Fleisch in den Garaufsatz geben.
100 g Brokkoli	in Röschen teilen und zugeben.
150 g Fischfilet	in Würfel geschnitten zugeben (Bild 2).
1 Dose Pizzatomaten (400 g)	eine Hälfte darübergeben (Bild 3).
2 TL gekörnte Gemüsebrühe, Pfeffer	Damit alle Zutaten im Garaufsatz würzen.
700 g heißes Wasser 2 geh. TL gekörnte Gemüsebrühe zweite Hälfte der Pizzatomaten	in den Mixtopf füllen, das Garkörbchen einhängen, den Mixtopf verschließen. Garaufsatz aufsetzen und **30 Minuten / Garstufe / Stufe 2** kochen.

Soße:

Garsud	im Mixtopf lassen.
20 g Mehl, Saft von 1/2 Zitrone 20 g Butter	zugeben und **2 Minuten / 100°C / Stufe 4** zur Soße eindicken. Sie können alles vermischen oder das Gericht separat anrichten!

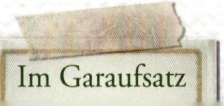
Im Garaufsatz

Nährwerte je 100 g:

84,98 kcal

355,67 KJ

4,04 g Eiweiß

2,93 g Fett

10,38 g Kohlenhydrate

1,14 g Ballaststoffe

0,86 BE

Fischklößchen mit Frühlingsgemüse

500 g Kabeljau	in Stücken in den Mixtopf geben.
Salz & Pfeffer, Zitronenthymian	
Saft von 1/2 Zitrone	
1 Ei Gr. M	
30 g eingelegte getr. Tomaten	Alle Zutaten zum Fisch geben (Bild 1) und **5 Sekunden / Stufe 6** vermischen. Aus der Masse mit nassen Händen Klößchen formen und in den Garaufsatz setzen.
300 g gemischtes Gemüse (Kohlrabi- und Möhrenstifte, Brokkoli)	putzen, in den Einlegeboden des Garaufsatzes geben.
Mit 1 TL Kräutersalz	würzen.
600 g Kartoffeln	schälen, vierteln und ins Garkörbchen geben.
450 g heißes Wasser	
50 g Roséwein	
2 TL gekörnte Gemüsebrühe	in den Mixtopf geben, das Garkörbchen einhängen und den Topf verschließen. Den Garaufsatz aufsetzen und alles **30 Minuten / Garstufe / Stufe 2** garen.
100 g Sahne	
Saft von 1/2 Zitrone	
20 g Weizenmehl Type 405	zum restlichen Garsud geben und **2 Minuten / 100°C / Stufe 4** zur Soße einkochen.

Nährwerte je 100 g:

74,14 kcal

309,32 KJ

6,66 g Eiweiß

2,20 g Fett

6,03 g Kohlenhydrate

1,25 g Ballaststoffe

0,48 BE

Im Garaufsatz

Rigatoni in Lachssoße

1 Tomate	halbiert in den Mixtopf geben.
1 Zwiebel	halbiert zugeben und **3 Sekunden / Stufe 7** zerkleinern.
20 g Olivenöl	zugeben und **3 Minuten / Garstufe / Stufe 1** dünsten.
300 g Lachs, gewürfelt 125 g Blattspinat, aufgetaut, ausgedrückt	zugeben.
520 g heißes Wasser 200 g Sahne 10 g gekörnte Gemüsebrühe Pfeffer 20 g Zitronensaft & Chili	zugeben und **5 Minuten / 100°C / Linkslauf / Stufe 1** erhitzen.
300 g Rigatoni	zugeben und **12 Minuten / 100°C / Linkslauf / Stufe 1** garen.

Sofort servieren!

Nährwerte je 100 g:
146,79 kcal
614,82 KJ
6,98 g Eiweiß
7,03 g Fett
13,78 g Kohlenhydrate
1,27 g Ballaststoffe
1,15 BE

Kochen

Gefüllte Crêperöllchen

1 EL Petersilie (ohne Stiel)

im Mixtopf **5 Sekunden / Stufe 6** zerkleinern.

30 g Butter
150 g Vollmilch
1 Ei Gr. M
100 g Weizenmehl Type 405
2 Prisen Salz

Alle Zutaten in den Mixtopf geben. **1 ½ Minute / 37°C / Stufe 5** rühren. 5 Minuten ruhen lassen.

Hauchdünne Crêpes in einer Pfanne in Öl ausbacken (Bild 1). Auf einem Stück Küchenkrepp abtropfen lassen (Bild 2).

Lachscreme:

200 g Räucherlachs, in Stücken
5 g Kapern
80 g Crème fraîche
1 TL Zitronensaft
Salz & Pfeffer
1/2 TL Dill

Alle Zutaten in den Mixtopf geben und **20 Sekunden / Knetstufe** vermischen.

Die Crêpes mit der Creme bestreichen, aufrollen und in 1 cm dünne Scheiben schneiden (Bild 3).

Auf einem Tablett oder Spiegel mit einem Zahnstocher gespickt anrichten (Bild 4).

Nährwerte je 100 g:

220,84 kcal

924,57 KJ

10,50 g Eiweiß

14,07 g Fett

13,12 g Kohlenhydrate

0,77 g Ballaststoffe

1,09 BE

Kochen

Lachs

Crème

47

Ofenpfannkuchen

⟼ Ein Backblech mit Backpapier auslegen. In den Backofen schieben. Den Backofen auf **220°C Ober- / Unterhitze** vorheizen.

120 g Weizenmehl Type 405
2 Eier Gr. M + 1/2 TL Salz
180 g Vollmilch
50 g Mineralwasser

Alle Zutaten in den Mixtopf geben und **15 Sekunden / Stufe 6** mischen. Den Teig auf dem heißen Blech verteilen (Bild 1). Bei **220°C Ober- / Unterhitze ca. 13 Minuten** goldbraun backen.

Den heißen Pfannkuchen mit Hilfe des Backpapiers auf dem Blech wenden und etwa 5 Minuten mit einem Tuch bedecken. In 4 Stücke teilen.

Füllung:

3 Frühlingszwiebeln

in Stücken in den Mixtopf geben. **5 Sekunden / Stufe 5** zerkleinern.

20 g Olivenöl

zugeben und **3 Minuten / Garstufe / Stufe 2** andünsten.

500 g Champignons, geputzt

in Scheiben schneiden, zu den Zwiebel geben.

Mit Salz und Pfeffer

würzen und **6 Minuten / Garstufe / Linkslauf / Stufe 1** kochen. Auf die 4 Pfannkuchen verteilen.

150 g Eisbergsalat

waschen, abtropfen und in Streifen schneiden.

10 Kirschtomaten

halbieren.

100 g Feta

würfeln.

mit Balsamicocreme

Salat, Tomaten und Fetakäse obendrauf verteilen, beträufeln und nochmals mit Salz & Pfeffer würzen. Die Pfannkuchen einrollen und sofort servieren!

Kochen

Nährwerte je 100 g:

69,51 kcal

284,21 KJ

4,05 g Eiweiß

4,09 g Fett

4,10 g Kohlenhydrate

1,18 g Ballaststoffe

0,29 BE

Spaghetti mit Gemüsesugo

50 g Parmesan	in Stücken in den Mixtopf geben und **10 Sekunden / Stufe 10** zerkleinern. Umfüllen.
1 Knoblauchzehe 50 g Zwiebeln	in den Mixtopf geben und **5 Sekunden / Stufe 5** zerkleinern.
20 g Olivenöl	zugeben und **3 Minuten / Garstufe / Stufe 1** dünsten.
60 g Möhren 50 g Staudensellerie 100 g Zucchini	in Stücken zugeben und **5 Sekunden / Stufe 5** zerkleinern.
1 Dose Tomaten (400 g) 3 geh. TL gekörnte Gemüsebrühe 50 g Rotwein 1 Kugel roter Soßenbinder (Rezept im Kapitel Herbst) 150 g Frischkäse 30 g Tomatenmark 1 TL Sambal oelek Salz, Pfeffer	Restliche Zutaten zugeben und **20 Minuten / 100°C / Stufe 2** garen. Dann **10 Sekunden / Stufe 8** pürieren.
400 g Spaghetti	nach Packungsanweisung in einem großen Kochtopf bissfest kochen.

Mit Parmesan bestreut sofort anrichten!

Tipp: Den Soßenbinder können Sie auch mit 1 EL Weizenmehl Type 405 + 1 EL Tomatenmark ersetzen.

Nährwerte je 100 g:

182,18 kcal
763,34 KJ
6,68 g Eiweiß
7,40 g Fett
21,94 g Kohlenhydrate
2,18 g Ballaststoffe
1,83 BE

Kochen

Nudelauflauf

| 100 g mittelalter Gouda | in Stücken in den Mixtopf zugeben und **6 Sekunden / Stufe 7** zerkleinern. Umfüllen. |

200 g gekochter Putenbraten — in Stücken in den Mixtopf geben. **3 Sekunden / Stufe 4** zerkleinern.

480 g heißes Wasser
200 g Schlagsahne
250 g Kirschtomaten, halbiert
50 g Essiggurken, in Scheibchen
1 TL Sambal Oelek
20 g Tomatenmark
3 TL gekörnte Gemüsebrühe — Alle Zutaten in den Mixtopf zugeben und **5 ½ Minuten / 100°C / Stufe 1** erhitzen.

380 g Makkaroni — in den Mixtopf zugeben und **8 Minuten / 100°C / Linkslauf / Stufe 1** garen. Abschmecken. Den gesamten Inhalt des Topfes in eine feuerfeste Auflaufform umfüllen.

Den zerkleinerten Käse — darüber verteilen und ca. **8-10 Minuten bei 220°C** Ober- / Unterhitze überbacken.

Mit gemischtem Salat sofort servieren!

Nährwerte je 100 g:

153,61 kcal
643,39 KJ
8,00 g Eiweiß
6,12 g Fett
16,40 g Kohlenhydrate
1,32 g Ballaststoffe
1,37 BE

Kochen

Gurkencremesuppe

30 g Dinkel	in den Mixtopf geben. **40 Sekunden / Stufe 10** zerkleinern und umfüllen.
1 Salatgurke, geschält 2 Kartoffeln, geschält 1 Frühlingszwiebel	in großen Stücken in den Mixtopf geben. **5 Sekunden / Stufe 5** zerkleinern.
40 g Butter	zugeben und **3 Minuten / Garstufe / Stufe 1** andünsten.
1 Liter heißes Wasser	zugießen.
Zerkleinerten Dinkel 3 geh. TL gekörnte Gemüsebrühe Pfeffer	zugeben. **15 Minuten / 100°C / Stufe 2** kochen.
200 g Schlagsahne 1 TL Dill	zugeben und **20 Sekunden / Stufe 10** pürieren.

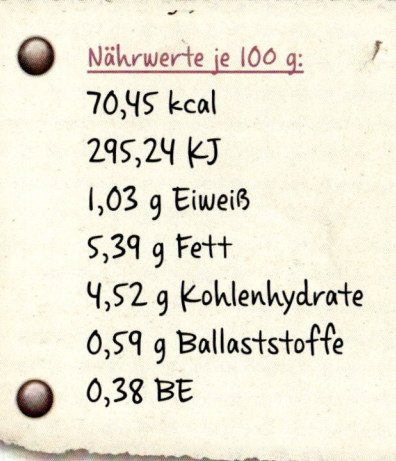

Nährwerte je 100 g:

70,45 kcal

295,24 KJ

1,03 g Eiweiß

5,39 g Fett

4,52 g Kohlenhydrate

0,59 g Ballaststoffe

0,38 BE

Suppen

Dinkelcremesuppe

60 g Dinkel (Bild 1)	im Mixtopf **40 Sekunden / Stufe 10** zerkleinern. Umfüllen.
1 Zwiebel, geschält	geviertelt in den Mixtopf geben und **5 Sekunden / Stufe 5** zerkleinern.
30 g Butter	zugeben und **3 Minuten / Garstufe / Stufe 2** andünsten.
Den zerkleinerten Dinkel	zugeben. **4 Minuten / Garstufe / Stufe 3** erhitzen.
850 g heißes Wasser 2 TL gekörnte Gemüsebrühe 100 g Roséwein	zugeben. **5 Minuten / 100°C / Stufe 2** kochen.
250 g Erbsen, Möhren, Spargelstücke (gemischt) 100 g Zuckerschoten	ins Garkörbchen geben. Das Garkörbchen in den Mixtopf einsetzen und die Suppe **12 Minuten / 100°C / Stufe 2** kochen.
einen 1/2 Bund Schnittlauch	In der Zwischenzeit in Röllchen schneiden. Das Garkörbchen herausnehmen, das Gemüse in Teller verteilen.
100 g Crème fraîche mit den Schnittlauchröllchen	in die Brühe zugeben und **2 Minuten / 100°C / Stufe 2** erhitzen.
Salz & Pfeffer	Mit abschmecken und sofort anrichten!

Suppen

1

Nährwerte je 100 g:

61,83 kcal

258,95 KJ

1,32 g Eiweiß

3,76 g Fett

4,38 g Kohlenhydrate

1,14 g Ballaststoffe

0,36 BE

Minestrone

50 g Parmesan (in Stücken)	in den Mixtopf geben. **8 Sekunden / Stufe 8** zerkleinern und umfüllen.
1 Tomate 1 Knoblauchzehe	halbieren, Stielansatz entfernen und mit in den Mixtopf geben. **4 Sekunden / Stufe 8** zerkleinern.
10 g Olivenöl	zugeben und **3 Minuten / Garstufe / Stufe 2** dünsten.
1 junge Zucchini (ca. 300 g) 1/2 rote Paprika 1 Kohlrabi 1 große Möhre 2 Kartoffeln 100 g Zuckerschoten (oder Bohnen)	Kartoffeln und Gemüse würfeln und in den Mixtopf geben.
3/4 Liter heißes Wasser 3 geh. TL gekörnter Gemüsebrühe	mit zugeben. **20 Minuten / 100°C / Linkslauf / Stufe 1** garen.
Pfeffer & Salz	Mit abschmecken.

Suppe mit Parmesan bestreut und Ciabattabrot servieren.

Nährwerte je 100 g:

39,41 kcal

165,25 KJ

2,03 g Eiweiß

1,51 g Fett

4,24 g Kohlenhydrate

1,37 g Ballaststoffe

0,35 BE

Suppen

Frühlingstopf

1 kleines Putenbrustfilet Kräutersalz & Pfeffer Sojasoße	in Streifen schneiden. Das Fleisch mit würzen und mit beträufeln.
10 g Öl	in den Mixtopf geben und **30 Sekunden / Garstufe / Stufe 1** erhitzen.
2 Frühlingszwiebeln	in Ringe schneiden und mit dem Fleisch zum Öl zugeben. **3 Minuten / Garstufe / Stufe 1** ohne Messbecher andünsten.
100 g Möhren, geschält 150 g Kartoffeln, geschält	in Scheiben schneiden, zugeben.
100 g Kohlrabi	in Stifte schneiden, zugeben.
1/2 rote Paprika	in Streifen schneiden und zugeben.
150 g Spargel	Holzige Enden abschneiden, schälen, in mundgerechte Stücke schneiden und zugeben.
20 g gekörnte Gemüsebrühe 20 g Sojasoße Paprika, rosenscharf	zugeben.
Heißes Wasser	bis zur 2-Liter-Markierung auffüllen. **25 Minuten / 100°C / Linkslauf / Stufe 1** kochen. Sofort servieren!

Nährwerte je 100 g:

37,04 kcal

155,16 KJ

4,23 g Eiweiß

0,90 g Fett

2,85 g Kohlenhydrate

0,93 g Ballaststoffe

0,24 BE

Klare Suppe mit Flädle

Flädle:

30 g Butter

in den Mixtopf geben. **1 ½ Minute / 37°C / Stufe 1** erwärmen.

100 g Dinkelmehl Type 630
3 Eier Gr. M + 200 g Vollmilch
2 Prisen Salz

zugeben und **10 Sekunden / Stufe 5** mischen. In etwas heißem Butterschmalz ausbacken. Beiseite stellen. Abgekühlt in feine Streifen schneiden.

Hähnchenrolle:

150 g Hähnchenbrustfilet, in Stücken
1 Handvoll Petersilie und Basilikum
80 g Sahne
1/2 TL gekörnte Gemüsebrühe
1 Prise Pfeffer

Alle Zutaten in den Mixtopf geben und **5 Sekunden / Stufe 10** zerkleinern. Die Topfwände mit dem Schaber abziehen, alles nach unten schieben. Nochmals **5 Sekunden / Stufe 6** mischen. Die Masse auf ein Stück Alufolie in eine Linie verteilen und zu einer Rolle einwickeln. Die Rolle in den Garaufsatz legen.

Brühe:

1 Knoblauchzehe, geschält

in den Mixtopf geben und **5 Sekunden / Stufe 5** zerkleinern.

1 rote Paprika, geputzt
100 g Möhren, geputzt, geschält

Beides in Stücken zugeben und **3 Sekunden / Stufe 4-5** zerkleinern.

2 Frühlingszwiebeln

in Ringe schneiden und zugeben.

1,3 Liter heißes Wasser
4 gehäufte TL Hühnerbrühe

zugeben. Den Topf verschließen. Garaufsatz aufsetzen. **22 Minuten / Garstufe / Stufe 2** kochen.

Suppen

Die Hähnchenrolle in Scheiben schneiden. Die Suppe in eine Suppenschüssel umfüllen. Die geschnittenen Scheiben und Flädle zugeben.

Die Suppe bestreut mit in Streifen geschnittene sofort anrichten.

Petersilie

Nährwerte je 100 g:
67,32 kcal
282,04 KJ
3,67 g Eiweiß
3,83 g Fett
4,54 g Kohlenhydrate
0,73 g Ballaststoffe
0,38 BE

Kräuterrahmsuppe

150 g Gouda	in den Mixtopf geben, **8 Sekunden / Stufe 6** zerkleinern und umfüllen.
30 g Dinkel	**40 Sekunden / Stufe 10** zerkleinern.
500 g Vollmilch 500 g heißes Wasser 2 gestr. TL gekörnte Gemüsebrühe 200 g Sahne	Alle Zutaten zugeben und **10 Minuten / 100°C / Stufe 2** garen.
1 Handvoll frische Kräuter	grob zerkleinern und mit dem geriebenen Gouda in den Mixtopf geben.

Die Suppe **10 Sekunden / Stufe 10** pürieren.

Sofort servieren!

Nährwerte je 100 g:

113,06 kcal

473,86 KJ

4,65 g Eiweiß

8,85 g Fett

3,83 g Kohlenhydrate

0,15 g Ballaststoffe

0,32 BE

Suppen

Möhrenmuffins

⤷ Den Backofen auf **200°C Ober- / Unterhitze** vorheizen.

50 g Mandeln

im Mixtopf **8 Sekunden / Stufe 9** zerkleinern.

100 g Möhren, geschält

in Stücken zugeben. **4 Sekunden / Stufe 5** zerkleinern.

200 g Weizenmehl Type 1050
20 g Haferflocken
2 geh. TL Weinsteinbackpulver
2 Eigelb + 1/2 TL Natron
100 g Sonnenblumenöl
120 g Vollmilchjoghurt
60 g brauner Zucker

Restliche Zutaten zugeben und den Teig **15 Sekunden / Stufe 6** mischen.

In einer Muffinsform verteilen und im vorgeheizten Backofe bei **200°C Ober- / Unterhitze ca. 20 Minuten** backen.

Guss:

50 g Puderzucker
1 EL Zitronensaft
2 TL heißes Wasser

in eine kleinere Schüssel geben und gut vermischen.

Mit Zuckerguss bestreichen und mit Marzipanmöhrchen garnieren.

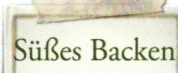
Süßes Backen

Nährwerte je 100 g:
354,21 kcal
1482,31 KJ
6,15 g Eiweiß
19,73 g Fett
37,97 g Kohlenhydrate
3,14 g Ballaststoffe
3,16 BE

Berliner

100 g Vollmilch
1 Ei, Gr. M
50 g Butter

in den Mixtopf geben und **2 ½ Minuten / 37°C / Stufe 1** erwärmen.

50 g Zucker
25 g Hefe
320 g Weizenmehl Type 405
3 Prisen Salz

Restliche Zutaten zugeben und **6 Minuten / Knetstufe** kneten.

Umfüllen und 25 Minuten an einem warmen Ort gehen lassen.

1 Glas Himbeer- oder Johannis-
beermarmelade

Den Hefeteig 2 cm dick auswellen und mit einem Glas oder Teigausstecher Kreise ausstechen. 1 TL Marmelade in die Mitte eines Kreises geben und den Rand mit Eiweiß bepinseln. Einen zweiten Kreis als Deckel aufsetzen und den Rand andrücken. Auf zwei mit Mehl bestäubten Tüchern 15 Minuten gehen lassen.

Frittierfett

in einem flachen Topf auf 160°C erhitzen und beidseitig goldbraun backen.

Auf Küchenpapier abtropfen lassen und auf einem Kuchengitter abkühlen lassen. Mit Puderzucker bestäuben.

Nährwerte je 100 g:
311,46 kcal
1303,73 KJ
7,98 g Eiweiß
8,59 g Fett
49,98 g Kohlenhydrate
2,80 g Ballaststoffe
4,17 BE

Süßes Backen

Blumenbrioches

280 g Weizenmehl Type 405
10 g Hefe
40 g Vollmilch
40 g Rohrzucker

in den Mixtopf geben und **15 Sekunden / Stufe 3** rühren.

80 g Butter
1 Ei Gr. M
1/2 TL Salz

zugeben und **6 Minuten / Knetstufe** kneten. Den Teig 3 mm dick ausrollen, 24 Blumen ausstechen und in eine Mini-Muffinsform verteilen.
Zugedeckt ca. 1 Stunde im Kühlschrank kalt stellen.

Den Rühraufsatz einsetzen!

160 g Vollmilch
15 g Rohrzucker
25 g Vanillepuddingpulver
150 g Schlagsahne

in den Mixtopf geben und **8 Minuten / 90°C / Stufe 3** kochen. Etwas abkühlen und auf die Briocheböden verteilen.

Himbeermarmelade

Jeweils ½ TL Himbeermarmelade auf dem Pudding verteilen.

⊐➤

Im vorgeheizten Backofen bei **180°C Ober- / Unterhitze ca. 14 Minuten** backen.

Nährwerte je 100 g:
294,53 kcal
1232,95 KJ
5,54 g Eiweiß
14,26 g Fett
35,92 g Kohlenhydrate
1,51 g Ballaststoffe
2,99 BE

Süßes Backen

Zitronenkuchen

 Den Backofen auf **180°C Ober- / Unterhitze** vorheizen.

150 g Zucker
250 g Butter, in Stücken
4 Eier Gr. M
1 Prise Salz
abger. Schale von 1 Biozitrone

in den Mixtopf geben und **2 ½ Minuten / 37°C / Stufe 5** rühren.

250 g Dinkelmehl Type 630
2 gestr. TL Weinsteinbackpulver

zugeben und **15 Sekunden / Stufe 6** mischen. Den Teig in eine gefettete Kastenform füllen.

 Im vorgeheizten Backofen bei **180°C Ober- / Unterhitze ca. 50 Minuten** backen.
15 Minuten in der Backform abkühlen lassen. Mit einem Holzstäbchen ca. 30 Löcher oben einstechen.

Mit dem Saft einer Zitrone oder
mit 50 g Zitronenlikör (Seite 74) beträufeln. Dann auf ein Kuchengitter stürzen.

Den abgekühlten Kuchen mit
bestäuben.

Puderzucker

Nährwerte je 100 g:
403,33 kcal
1689,45 KJ
6,24 g Eiweiß
25,43 g Fett
36,34 g Kohlenhydrate
1,58 g Ballaststoffe
3,03 BE

Süßes Backen

Baiser

3 Eiweiße
120 g Zucker

Den Rühraufsatz einsetzen!

in den Mixtopf geben und **3 Minuten / 37°C / Stufe 4** steif schlagen.
Kleine Baisers auf ein mit Backpapier ausgelegtes Backblech spritzen.

Im vorgeheizten Backofen bei **100°C Ober- / Unterhitze ca. 2 Stunden** trocknen lassen.

Die Baisers sollten weiß bleiben, falls nötig die Ofentemperatur auf 50°C reduzieren.

Wichtig:

Nährwerte je 100 g:

234,00 kcal
981,33 KJ
5,92 g Eiweiß
0,11 g Fett
51,55 g Kohlenhydrate
0,00 g Ballaststoffe
4,3 BE

Süßes Backen

Sommer

Pfirsich Fruchtbowle

350 g Pfirsiche (frisch oder aus der Dose) Saft von 1 Zitrone 1/2 Palette Eiswürfel 40 g Zucker	in den Mixtopf geben und **20 Sekunden / Stufe 10** pürieren.
650 g Wasser 60 g Cassis-Sirup 500 g Roséwein	zugeben und **10 Sekunden / Stufe 2** vermischen. In eine Bowleschüssel füllen.
2 Pfirsiche	entkernen, würfeln.
250 g Erdbeeren	putzen, würfeln und mit den Pfirsichen in die Bowleschüssel geben. Kühl stellen.
1 Flasche rotem Sekt	Vor dem Servieren mit auffüllen. Sofort servieren!

Tipp: Für Kinder einfach den Alkohol weglassen!

Gabis grüner Smoothie

1 Banane 2 Äpfel mit Schale 1 Orange, geschält 150 g Eisbergsalat 100 g Tomaten, 100 g Zucchini 50 g Selleriestange 100 g Gurke	in Stücken in den Mixtopf geben. **15 Sekunden / Stufe 10** pürieren.
500 g Wasser	zugeben und **10 Sekunden / Stufe 10** mischen. Nach Belieben mit einem Obstspießchen dekorieren!

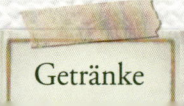

Nährwerte je 100 g:

56,52 kcal

236,31 KJ

0,28 g Eiweiß

0,06 g Fett

5,58 g Kohlenhydrate

0,60 g Ballaststoffe

0,46 BE

Nährwerte je 100 g:

24,77 kcal

103,83 KJ

0,58 g Eiweiß

0,18 g Fett

4,91 g Kohlenhydrate

1,12 g Ballaststoffe

0,41 BE

Aprikosensekt

250 g gefrorene Aprikosenstücke · in den Mixtopf geben. **4 Sekunden / Stufe 7** zerkleinern.

200 g Orangensaft
20 g Orangenlikör · zugeben.

1 Flasche Sekt · bei laufendem Messer auf **Stufe 6** durch die Deckelöffnung zugießen.

Sofort servieren!

Nährwerte je 100 g:

69,76 kcal

291,78 KJ

0,43 g Eiweiß

0,05 g Fett

5,81 g Kohlenhydrate

0,43 g Ballaststoffe

0,48 BE

Nektarinen-Sekt

6 Nektarinen in Spalten geschnitten, gefroren
40 g Orangenlikör
Saft von 2 Zitronen
200 g Orangensaft
20 g Zucker · Alle Zutaten in den Mixtopf geben. **6 Sekunden / Stufe 8** pürieren.

1 Flasche Sekt · bei laufendem Messer auf **Stufe 6** durch die Deckelöffnung zugießen.

Gleich servieren!

Nährwerte je 100 g:

81,35 kcal

340,01 KJ

0,46 g Eiweiß

0,07 g Fett

9,32 g Kohlenhydr.

0,57 g Ballaststof.

0,77 BE

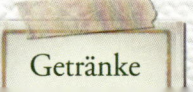

Getränke

Zitronenlikör

Schale von 6 unbehandelten Zitronen

gründlich waschen und dünn ohne der unteren weißen Schicht schälen. Die geschälten Zitronen auspressen.

Den Saft und die Schale
100 g heißes Wasser
300 g Rohrzucker

in den Mixtopf geben und **15 Minuten / 100°C / Stufe 2** erhitzen.

450 g Doppelkorn
200 g Weinbrand
50 g Wodka

zugeben und **20 Sekunden / Stufe 3** mischen.

Den Likör 1 Woche z.B. in einem Weck-Glas ziehen lassen. Einmal am Tag schütteln. Nach einer Woche abseihen und in sterilisierte Flaschen abfüllen.

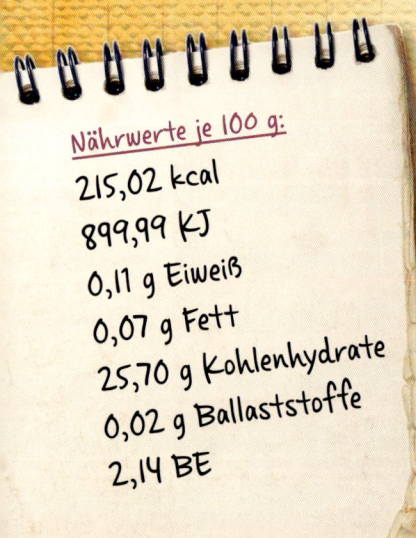

Nährwerte je 100 g:

215,02 kcal

899,99 KJ

0,11 g Eiweiß

0,07 g Fett

25,70 g Kohlenhydrate

0,02 g Ballaststoffe

2,14 BE

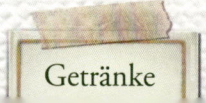
Getränke

Fruchtdessert

300 g Erdbeeren, geputzt
2 Äpfel, entkernt, geviertelt

in den Mixtopf geben und **5 Sekunden / Stufe 7** zerkleinern.

10 g Zucker
400 g Apfelsaft
1 Päckchen Vanillezucker
1 Piccolo Sekt (200 g)
1/4 TL Ingwer

Alle Zutaten zugeben und **12 Minuten / 100°C / Stufe 3** kochen. Dann **10 Sekunden / Stufe 8** pürieren und kaltstellen.

2 Bananen

in Scheiben schneiden.

1/2 Honigmelone

entkernen und in Würfel schneiden.

Das Obst in Gläser oder Schalen verteilen, das Früchtpürée darübergeben und mit

Amarettini

garnieren.

Nährwerte je 100 g:
56,94 kcal
238,96 KJ
0,68 g Eiweiß
0,50 g Fett
10,29 g Kohlenhydrate
1,08 g Ballaststoffe
0,86 BE

Dessert

Kräuterkartoffelsalat

300 g Wasser
15 g gekörnte Gemüsebrühe
20 g Apfelessig
10 g mittelscharfer Senf   Alle Zutaten in den Mixtopf geben.

600 g Kartoffeln   schälen, in Scheiben schneiden, in das Garkörbchen geben und
                                  diesen in den Mixtopf hängen.

1 Hähnchenbrustfilet (ca. 150 g) in Streifen schneiden.

Mit Kräutersalz & Pfeffer   und
1 TL Sojasoße   das Fleisch würzen und in den Garaufsatz legen.

300 g grünes Gemüse
(Brokkoli, Zuckerschoten, Bohnen) putzen, waschen und im Garaufsatz verteilen.

20 g Butter   als Flöckchen über das Gemüse verteilen und mit
1 TL gekörnter Gemüsebrühe   würzen (Bild 1). **22 Minuten / Garstufe / Stufe 2** dämpfen.

                                  Alles in eine Glasschüssel geben, Brühe darübergießen, ziehen
                                  lassen.

1 EL Petersilie
Kresse oder Schnittlauch   Kräuter darüberstreuen.

Nährwerte je 100 g:

61,52 kcal

256,51 KJ

4,40 g Eiweiß

1,45 g Fett

7,24 g Kohlenhydrate

1,80 g Ballaststoffe

0,60 BE

Grillen

1

Gefüllte Tomaten

1 Knoblauchzehe 15 Blätter Basilikum	in den Mixtopf geben und **3 Sekunden / Stufe 7** zerkleinern.
6 Tomaten	waschen, oberes Drittel abschneiden und beiseitelegen. Die Tomaten aushöhlen, das Ausgehöhlte kurz abtropfen lassen und in den Mixtopf geben.
100 g entsteinte Oliven	zugeben und **4 Sekunden / Stufe 5** zerkleinern.
100 g Frischkäse 80 g Schafskäse Salz und Pfeffer	zugeben und **5 Sekunden / Stufe 5** vermischen. Abschmecken. Die Tomaten mit der Creme füllen, Deckel aufsetzen und mit Basilikumblättchen dekorieren.

Nährwerte je 100 g:

87,60 kcal

368,35 KJ

3,61 g Eiweiß

6,97 g Fett

2,39 g Kohlenhydrate

0,93 g Ballaststoffe

0,20 BE

 Grillen

Tomaten mit Marinade

1 kleine Zwiebel

1 Knoblauchzehe

5 Tomaten (oder 500 g Kirschtomaten)

20 g Aceto balsamico
1 Prise Zucker
Salz, Pfeffer
10 g Olivenöl

Für die Füllung:

4 Stängel Basilikum
150 g Schafskäse, in Stücken
80 g Frischkäse, Pfeffer

schälen und halbiert in den Mixtopf geben.

zugeben und **4 Sekunden / Stufe 5** zerkleinern.

waschen, oberes Drittel abschneiden und in den Mixtopf geben. Die Tomaten ein wenig aushöhlen und dies in den Mixtopf geben. Zutaten für die Soße zugeben:

5 Sekunden / Stufe 5 vermischen. Die Soße auf einer Platte verteilen.

Basilikumblätter und restliche Zutaten in den Mixtopf geben und **5 Sekunden / Stufe 5** vermischen.

Die Tomaten mit der Creme füllen und auf die Platte mit Marinade setzen. Mit Basilikumblättchen garniert servieren.

Nährwerte je 100 g:

104,75 kcal

440,11 KJ

5,01 g Eiweiß

8,10 g Fett

2,84 g Kohlenhydrate

0,69 g Ballaststoffe

0,20 BE

Hitzige Würstchen

6 dicke Bockwürste

Füllung:

5 g Basilikum
100 g mittelalter Gouda
100 g Peperonisalami

10 g mittelscharfer Senf
10 g Meerrettich
20 g Ketchup
je 1/4 TL Paprika, Curry

Öl

Mit einem scharfen Messer auf der Oberseite der Würstchen eine Tasche einschneiden und diese mit der Käse-Salami-Mischung füllen:

in den Mixtopf geben. **5 Sekunden / Stufe 5** zerkleinern.

Restliche Zutaten zugeben und **8 Sekunden / Stufe 4** vermischen.

Würstchen einpinseln und grillen, bis der Käse schmilzt.

Nährwerte je 100 g:
303,05 kcal
1269,12 KJ
16,10 g Eiweiß
26,29 g Fett
1,17 g Kohlenhydrate
0,26 g Ballaststoffe
0,09 BE

Grillen

Saure Bohnen

1 Zwiebel

schälen, vierteln und in den Mixtopf geben. **5 Sekunden / Stufe 5** zerkleinern.

10 g Olivenöl

zugeben und **3 Minuten / Garstufe / Stufe 1** dünsten.

250 g heißes Wasser
100 g Balsamico bianco
10 g brauner Zucker
10 g gekörnte Brühe,
Pfeffer

Alle Zutaten zugeben. **4 Minuten / Garstufe / Stufe 1** erhitzen.

500 g junge Bohnen

zugeben und **25 Minuten / 100°C / Linkslauf / Stufe 1** kochen.

Im Sud abkühlen lassen. Zum Servieren etwas von der Flüssigkeit abgießen und abschmecken.

Kräuter (Schnittlauch, Petersilie oder Basilikum)

zum Garnieren darüberstreuen.

Nährwerte je 100 g:

49,75 kcal

210,03 KJ

2,02 g Eiweiß

1,74 g Fett

6,12 g Kohlenhydrate

2,38 g Ballaststoffe

0,35 BE

Hackbällchen am Spieß

1 Zwiebel, halbiert
1 Knoblauchzehe
10 Blätter Basilikum

in den Mixtopf geben. **5 Sekunden / Stufe 5** zerkleinern.

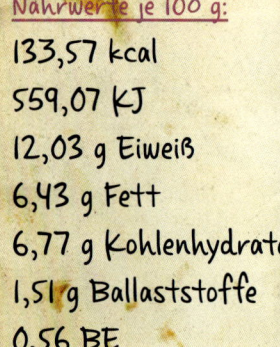

Nährwerte je 100 g:

133,57 kcal

559,07 KJ

12,03 g Eiweiß

6,43 g Fett

6,77 g Kohlenhydrate

1,51 g Ballaststoffe

0,56 BE

500 g Rinderhackfleisch
50 g Semmelbrösel
1 Ei, Gr. M
30 g Ketchup
15 g mittelscharfer Senf
1 gestr. TL Salz, Pfeffer
Chilipulver

zugeben und **50 Sekunden / Linkslauf / Stufe 2** vermengen. Runde Bällchen formen.

1 rote und gelbe Paprika

in Stücke schneiden.

1 Zwiebel

halbieren und die Zwiebelhälften in einzelne Schichten zerteilen. Abwechselnd mit Paprikastücken und Hackfleischbällchen auf Spießchen stecken.

Alufolie mit Knoblauchbutterstückchen belegen und die Spieße darauflegen.

Die Spieße im Backofen oder über dem Feuer grillen.

Man kann sie aber auch im Garaufsatz **25 Minuten / Garstufe / Stufe 2** dämpfen. (Dazu 500 g Wasser in den nicht ausgespülten Mixtopf mit 1 TL gekörnter Gemüsebrühe geben.)

Grillen

Griechische Frikadellen

1 Knoblauchzehe
1 Zwiebel, halbiert
10 g Olivenöl

in den Mixtopf geben und **5 Sekunden / Stufe 5** zerkleinern. zugeben und **3 Minuten / Garstufe / Stufe 2** dünsten.

800 g Rinderhackfleisch
1 Ei, Gr. M
40 g Semmelbrösel
Salz & Pfeffer
2 TL Gyrosgewürz

Restliche Zutaten zugeben und mithilfe des Spatels **1 Minute / Linkslauf / Stufe 2** verrühren. Aus der Masse dünne Fladen formen.

100 g Feta (Schafskäse)

In die Mitte jedes Fladens ein Stück des in Scheiben geschnittenen Schafskäse platzieren (s. Bild links). Fest mit Hackfleisch umschließen und auf dem Grill auf jeder Seite ca. 6 Minuten braten.

Nährwerte je 100 g:
242,65 kcal
1015,76 KJ
23,62 g Eiweiß
14,71 g Fett
4,07 g Kohlenhydrate
0,39 g Ballaststoffe
0,34 BE

Eingelegte Rindersteaks

2 Knoblauchzehen

20 g Cognac
30 g Sonnenblumenöl
1/2 gestr. TL Salz
1/2 TL gem. Pfeffer

6 Rindersteaks

in den Mixtopf geben. **5 Sekunden / Stufe 5** zerkleinern.

Alle Zutaten zugeben und **3 Sekunden / Stufe 4** rühren.

Die Steaks mit der Marinade einpinseln und mindestens 1 Stunde ziehen lassen, bevor man sie grillt oder in der Pfanne brutzelt.

Nährwerte je 100 g:

166,03 kcal

696,72 KJ

20,74 g Eiweiß

9,19 g Fett

0,24 g Kohlenhydrate

0,02 g Ballaststoffe

0,02 BE

Grillen

BBQ-Chicken

1 Knoblauchzehe

in den Mixtopf geben und **5 Sekunden / Stufe 5** zerkleinern.

70 g scharfer Ketchup
20 g Honig
5 g Zitronensaft
5 g Balsamico bianco
20 Tropfen Tabasco
Salz, Pfeffer
30 g Olivenöl

Die restlichen Zutaten zugeben und **20 Sekunden / Stufe 3** mischen.

1 1/2 kg Hähnchenflügel oder Hähnchenschlegel

auf ein tiefes Blech legen und mit der Marinade bestreichen.

Auf dem Grill oder im Backofen bei **220°C Ober- / Unterhitze ca. 45 Minuten** braten.

Nährwerte je 100 g:
216,42 kcal
907,20 KJ
15,25 g Eiweiß
16,52 g Fett
2,15 g Kohlenhydrate
0,05 g Ballaststoffe
0,17 BE

Gefülltes Hähnchenbrustfilet

1/2 Bund Basilikum	in den Mixtopf geben und **5 Sekunden / Stufe 5** zerkleinern.
1 TL rote Pfefferkörner 20 g mittelscharfer Senf	zugeben. **3 Sekunden / Stufe 4** mischen.
6 Hähnchenbrustfilet	Seitlich eine Tasche einschneiden und auseinanderklappen.
	Die Filets mit der Senfmischung betreichen und wieder zusammenklappen.
Mit Salz & Pfeffer	außen würzen.
Mit Sonnenblumenöl	außen bestreichen.
6 Scheiben Bacon	um die Filets wickeln.
	Die Hähnchenbrustfilet entweder grillen
oder mit 500 g Wasser 1 TL gekörnter Gemüsebrühe	und im Garaufsatz zusammen mit Beilagen **25 Minuten / Garstufe / Stufe 2** garen.

Nährwerte je 100 g:

129,63 kcal

541,45 KJ

24,14 g Eiweiß

3,39 g Fett

0,30 g Kohlenhydrate

0,08 g Ballaststoffe

0,03 BE

Grillen

Pikante Torte

220 g Weizenmehl Typ 1050
1/3 Würfel Hefe
1/2 TL Salz
130 g lauwarmes Wasser

Zutaten für den Teig in den Mixtopf geben und **4 Minuten / Knetstufe** kneten.

Zugedeckt 20 Minuten an einem warmen Ort gehen lassen. Nochmals **40 Sekunden / Knetstufe** kneten.

Runde Platte auswellen (wie bei einer Pizza) und einen Rand formen. Oberfläche mit Wasser bepinseln.

⇨ Im vorgeheizten Backofen bei **200°C Ober- / Unterhitze 20 Minuten** backen.

Auskühlen lassen.

200 g scharfer Aufstrich (Rezept im Kapitel Frühling Seite 20)

Den gebackenen Tortenboden damit bestreichen.

1 kleines Glas Mixed Pickels (ca. 300 g, abgetropft)
gegrillte Champignons oder
(eingelegte, gegrillte Champignons aus dem Glas)
6 Kirschtomaten
Käsewürfel

Restliche Zutaten darauf verteilen.

Nach Lust und Laune kann man auch Salami und Schinken darauf verteilen!

Nährwerte je 100 g:
152,36 kcal
637,93 KJ
6,69 g Eiweiß
5,84 g Fett
17,68 g Kohlenhydrate
1,97 g Ballaststoffe
1,47 BE

1

2

3

89

Mediterraner Kartoffelsalat

2 Zwiebeln (100 g), halbiert 2 Knoblauchzehen	in den Mixtopf geben und **5 Sekunden / Stufe 5** zerkleinern.
1 rote und grüne Paprika	in Stücken zugeben und **5 Sekunden / Stufe 4** zerkleinern (Bild 1).
40 g Olivenöl	zugeben und **4 Minuten / Garstufe / Stufe 1** dünsten.
800 g festkochende Kartoffeln	schälen, halbieren, in Scheiben schneiden (Bild 2) und zugeben.
Mit Salz, Pfeffer, Thymian	würzen.
40 g Weißwein	zugeben.
80 g heißes Wasser 2 TL gekörnter Gemüsebrühe	mit zugeben und **25-35 Minuten / 90°C / Linkslauf / Stufe 1** (je nach Kartoffelsorte) ohne Messbecher garen.
5 g Aceto balsamico 20 g Aceto bianco 2 Tomaten, in Scheiben	Restliche Zutaten nach Ende der Garzeit zugeben und **20 Sekunden / Linkslauf / Stufe 1** vermischen. Gut durchziehen lassen. Mit Basilikumblättchen garniert servieren.

Nährwerte je 100 g:

68,52 kcal

287,69 KJ

1,54 g Eiweiß

2,54 g Fett

9,11 g Kohlenhydrate

1,98 g Ballaststoffe

0,73 BE

Grillen

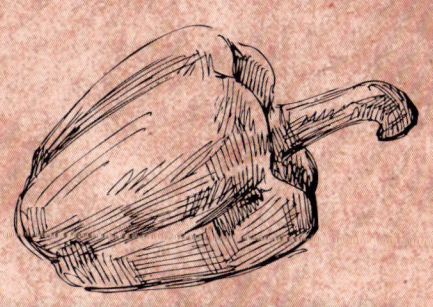

91

Gegrillter Fisch

600 g kleine Frühkartoffeln	waschen und ins Garkörbchen geben.
500 g heißes Wasser 1 TL Salz	in den Mixtopf geben und das Garkörbchen einhängen. **15 Minuten / Garstufe / Stufe 2** kochen.
	Etwas abkühlen lassen.
500 g Kabeljaufilet Salz, Pfeffer	Fisch trocken tupfen, mit Salz und Pfeffer würzen. Auf eine doppelt ausgelegte Alufolie (Rand formen) oder in eine feuerfeste Auflaufform legen. Vorgegarte Kartoffeln halbieren und um den Fisch verteilen.
1 EL Zitronenthymianblättchen Saft und Schale 1/2 kleinen Zitrone 250 g Butter 1 TL Salz, Pfeffer	Alle Zutaten in den Mixtopf geben und **8 Sekunden / Stufe 6** mischen. Gut die Hälfte der Butter als Flöckchen über den Fisch und die Kartoffeln verteilen.
	Restliche Thymianbutter als Brotaufstrich verwenden.
10 Cocktailtomaten	über dem Fisch verteilen.
100 g Möhren	schälen und stifteln.
200 g Chinakohl	in Streifen geschnitten mit den Möhren über dem Fisch und den Kartoffeln verteilen.

⇉ Entweder 20–25 Minuten auf dem Grill grillen oder im Backofen bei **220°C Ober- / Unterhitze** backen.

Nährwerte je 100 g:

109,74 kcal

459,29 KJ

6,87 g Eiweiß

6,34 g Fett

6,09 g Kohlenhydrate

1,32 g Ballaststoffe

0,51 BE

Zucchinifrikadellen

2 Knoblauchzehen
20 Blätter Basilikum
1 Zwiebel, halbiert

in den Mixtopf geben und **5 Sekunden / Stufe 5** zerkleinern.

500 g Zucchini

waschen, in Stücken, aber ohne Kerne zugeben.

4 Scheiben Bauernbrot (120 g), in Stücken
2 Eier, Gr. M
1 gestr. TL Salz, Pfeffer
50 g Weizenmehl Type 405

Restliche Zutaten zugeben und mit Salz und Pfeffer abschmecken. **8 Sekunden / Stufe 5** vermischen.

Öl

in einer Pfanne erhitzen, Frikadellen formen und von beiden Seiten bräunen.

Nährwerte je 100 g:

115,43 kcal
483,52 KJ
4,28 g Eiweiß
5,55 g Fett
11,97 g Kohlenhydrate
1,61 g Ballaststoffe
1,00 BE

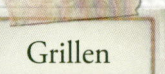
Grillen

Tzatziki

1 Knoblauchzehe	in den Mixtopf geben und **5 Sekunden / Stufe 5** zerkleinern.
1/2 Salatgurke, geschält	in Stücken zugeben.
200 g Magerquark 150 g Sauerrahm 10% 1/2 Bund Dill, ohne Stiel 1 TL Kräutersalz, Pfeffer	Restliche Zutaten zugeben und **10 Sekunden / Stufe 5** vermischen.

Nährwerte je 100 g:

78,64 kcal

329,24 KJ

7,45 g Eiweiß

3,58 g Fett

3,63 g Kohlenhydrate

0,19 g Ballaststoffe

0,30 BE

Tomaten-Sherry-Dipp

(Foto links auf dem Bild Zucchinifrikadellen)

3 Tomaten 1 Zwiebel, halbiert, 1 rote Peperoni 1 Knoblauchzehe	in den Mixtopf geben. **5 Sekunden / Stufe 8** zerkleinern.
100 g Tomatenketchup 30 g Olivenöl 20 g Sherry 1/2 TL Salz, Pfeffer	Restliche Zutaten zugeben und **10 Sekunden / Stufe 5** vermischen.

Nährwerte je 100 g:

106,00 kcal

444,66 KJ

1,18 g Eiweiß

7,20 g Fett

7,77 g Kohlenhydrate

0,93 g Ballaststoffe

0,65 BE

Paprika-Salsa

1/2 Bund Petersilie (ohne Stiel) 1/2 Bund Basilikum	in den Mixtopf geben und **3 Sekunden / Stufe 7** zerkleinern.
3 rote Zwiebeln, geschält, halbiert 4 Knoblauchzehen je 1 grüne und rote Paprika	zugeben und **8 Sekunden / Stufe 5** zerkleinern.
Mit je 1 TL Zucker & Salz 1 Prise Cayennepfeffer Thymian 5 g Paprika, rosenscharf	würzen.
50 g Sonnenblumenöl	zugeben und **10 Sekunden / Stufe 4** mischen. Die Masse zum Aufbewahren mit Öl bedecken.

Es passt zu gegrilltem Fleisch oder geröstetem Baguette und ist ca. 3 Wochen im Kühlschrank haltbar.

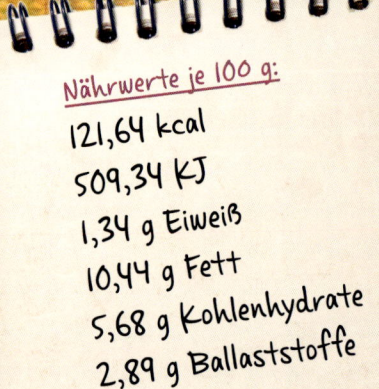

Nährwerte je 100 g:

121,64 kcal

509,34 KJ

1,34 g Eiweiß

10,44 g Fett

5,68 g Kohlenhydrate

2,89 g Ballaststoffe

0,47 BE

Grillen

Marinierter Schafskäse

30 g Zwiebeln
1 Knoblauchzehe

in den Mixtopf geben und **5 Sekunden / Stufe 5** zerkleinern. Die Stückchen von der Topfwand nach unten schieben.

10 g Olivenöl

zugeben und **3 Minuten / Garstufe / Stufe 1** dünsten.

Rosmarin, Basilikum
Salz, Pfeffer, Cayennepfeffer

Gewürze nach Geschmack zugeben.

50 g Akazienhonig
15 g Balsamico bianco
10 mittelscharfer Senf

zugeben und **15 Sekunden / Stufe 3** mischen.

ca. 400 g Schafskäse

in größeren Stücken auf ein Stück Alufolie legen, mit der Marinade begießen. Als Päckchen verpackt auf dem Grill kurz heiß werden lassen oder im Backofen **bei 220°C ca. 15 Minuten** erhitzen.

Mit einem Salat servieren.

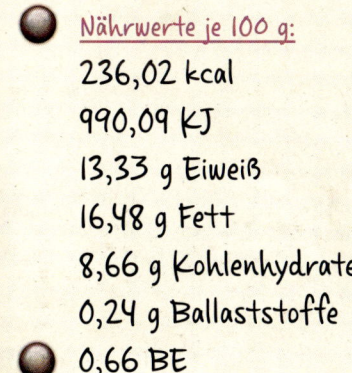

Nährwerte je 100 g:
236,02 kcal
990,09 KJ
13,33 g Eiweiß
16,48 g Fett
8,66 g Kohlenhydrate
0,24 g Ballaststoffe
0,66 BE

Tomatenketchup

1 Knoblauchzehe
4 Pfefferkörner
1 TL Senfkörner
1/2 Paprika
1 Zwiebel
200 g Möhren
800 g Tomaten

Alle Zutaten in Stücken in den Mixtopf geben und **10 Sekunden / Stufe 9** zerkleinern (Bild 1).

5 g Zitronensaft
5 g Sojasoße
1 geh. TL Salz, Pfeffer
10 g Rohrzucker
10 g Weinessig
1 kleines Döschen Tomatenmark (70 g)
30 g Sonnenblumenöl
3 Prisen Ingwer

Restliche Zutaten zugeben und **45 Minuten / 100°C / Stufe 3** kochen. Den Topfdeckel mit einem Stück Küchenkrepp als Spritzschutz zudecken (Bild 2).

Nach Ablauf der Kochzeit den Messbecher aufsetzen und **20 Sekunden / Stufe 9** pürieren. In saubere, heiß ausgespülte Flaschen abfüllen und sofort verschließen.

Das Ketchup ist im Kühlschrank geöffnet ca. 2 Wochen haltbar.

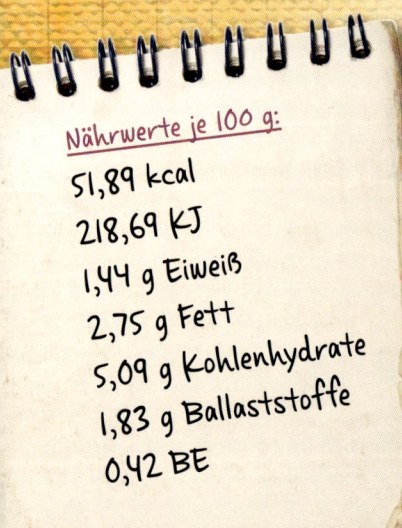

Nährwerte je 100 g:

51,89 kcal

218,69 KJ

1,44 g Eiweiß

2,75 g Fett

5,09 g Kohlenhydrate

1,83 g Ballaststoffe

0,42 BE

Grillen

Überbackene Pfannkuchen

40 g Parmesan

in Stücken in den Mixtopf geben und **10 Sekunden / Stufe 10** zerkleinern. Umfüllen.

200 g Weizenmehl Type 405
300 g Vollmilch
100 g Mineralwasser
2 Eier Gr. M
3 Prisen Meersalz

in den Mixtopf geben und **30 Sekunden / Stufe 5** mischen.

Sonnenblumenöl

12 dünne Pfannkuchen in einer beschichteten Pfanne goldgelb ausbacken.

3 Frühlingszwiebeln, in Stücken
1 Knoblauchzehe
500 g Tomaten, halbiert

in den Mixtopf geben. **5 Sekunden / Stufe 7** zerkleinern.

10 g Olivenöl

zugeben und **3 Minuten / Garstufe / Stufe 1** andünsten.

50 g Tomatenmark
Salz, Pfeffer, Chiliflocken
2 TL italienische Kräuter
2 TL gekörnte Gemüsebrühe
100 g Roséwein
100 g heißes Wasser
150 g Thunfisch
(Dose, abgetropft)

Restliche Zutaten zugeben und **15 Minuten / 100°C / Stufe 2** kochen.

Abschmecken.

In einer Auflaufform die mit Soße gefüllten Pfannkuchen mit Parmesan bestreuen.

⇨ Im vorgeheizten Backofen **10 Minuten bei 220°C Ober- / Unterhitze** überbacken.

Nährwerte je 100 g:

97,80 kcal

410,19 KJ

5,09 g Eiweiß

5,55 g Fett

5,72 g Kohlenhydrate

0,70 g Ballaststoffe

0,48 BE

100

Putenröllchen mit marinierten Kartoffeln

Kräuterrahmdipp:

100 g Magerquark
200 g Sauerrahm
je 1/2 TL Basilikum,
Salz & Pfeffer — in den Mixtopf geben. Den Mixtopf schließen und den Messbecher aufsetzen.

100 g Sonnenblumenöl — Thermomix auf **Stufe 7** einschalten und das Öl langsam in den Deckel gießen, ohne dabei den Messbecher abzunehmen. Umfüllen und kalt stellen.

10 eingel. getrocknete Tomaten (80 g)
1 Knoblauchzehe
1 Bund Basilikum — in den Mixtopf geben und **5 Sekunden / Stufe 7** zerkleinern.

1 TL Meersalz
20 g Olivenöl — zugeben. **10 Sekunden / Stufe 4** mischen.

600 g Kartoffeln — schälen, vierteln, zugeben und **15 Sekunden / Linkslauf / Stufe 1** mischen. Ins Garkörbchen umfüllen. Das Garkörbchen einhängen. Den Deckel verschließen.

600 g dünne Putenschnitzel mit Salz & Pfeffer — beidseitig würzen.

125 g Mozzarella
100 g gekochter Schinken
100 g Gouda
10 g körniger Senf — Alles außer Senf in Stücken in den Mixtopf geben. **5 Sekunden / Stufe 5** zerkleinern. Die Schnitzel mit der Paste bestreichen. Aufrollen und mit Zahnstochern fixieren. In den Garaufsatz legen.

500 g heißes Wasser
1 TL Salz — in den Mixtopf geben.

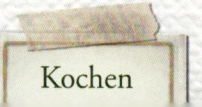

Kochen

1 rote Paprika	in Streifen schneiden.
1/2 Salatgurke	in Scheiben schneiden. In den Einlegeboden des Garaufsatzes geben.
Mit Kräutersalz	würzen, den Garaufsatz aufsetzen, Topf verschließen und **30 Minuten / Garstufe / Stufe 2** garen. Mit Kräuterrahmdipp servieren!

Nährwerte je 100 g:
181,66 kcal
759,77 KJ
10,45 g Eiweiß
13,08 g Fett
5,40 g Kohlenhydrate
0,88 g Ballaststoffe
0,40 BE

Kochen

Hackfleischbällchen mit Zitronensoße

2 Scheiben Toastbrot 40 g Vollmilch	Den Toast in Stücken in der Milch in einer Tasse einweichen.
1 große Zwiebel 1 Handvoll Petersilie	halbieren, in den Mixtopf geben. **5 Sekunden / Stufe 5** zerkleinern.
800 g Rinderhackfleisch 1 TL Salz, Pfeffer, Rosenpaprika Pizzagewürz	Das Hackfleisch zugeben und kräftig würzen.
eingeweichter Toast 30 g Ketchup 20 g mittelscharfer Senf 1 Ei, Gr. M	zugeben und **1 Minute / Knetstufe** vermengen. Kleine Bällchen formen.
Bratöl	Die Fleischbällchen in wenig Öl kurz anbraten und im Einlegeboden verteilen.
300 g Blumenkohl	in Röschen teilen, waschen und in den Garaufsatz geben.
1 TL gekörnte Gemüsebrühe	darüberstreuen.
Mit Kräuterbutterflöckchen	belegen.
600 g Kartoffeln	schälen, vierteln und ins Garkörbchen geben.
5 Blätter Basilikum 2 eingel. getrocknete Tomaten	Beides in Streifen schneiden und mit den Kartoffeln vermischen.
500 g heißes Wasser 2 TL gekörnte Gemüsebrühe	in den Mixtopf geben. Das Garkörbchen einhängen, den Mixtopf verschließen und den Garaufsatz aufsetzen.

Kochen

Mit Zitronensoße
(Rezept im Kapitel Winter)   servieren.

oder mit einer einfachen Variante:

restliche Brühe   im Mixtopf behalten.

100 g Sauerrahm 10%
20 g Weizenmehl Type 405
Saft 1 Zitrone
Salz und Pfeffer   zugeben und **2 Minuten / 100°C / Stufe 4** garen.

Nährwerte je 100 g:
121,54 kcal
508,54 KJ
10,10 g Eiweiß
6,27 g Fett
5,94 g Kohlenhydrate
1,01 g Ballaststoffe
0,49 BE

Käserolle mit Gurkenfüllung

Rühraufsatz einsetzen!

4 Eiweiße 1 Prise Salz	in den Mixtopf geben und **3 Minuten / 37°C / Stufe 4** steif schlagen, umfüllen. Den Rühraufsatz entfernen!
50 g Parmesan	im Mixtopf **8 Sekunden / Stufe 10** zerkleinern.

Ein Backblech mit Backpapier auslegen und mit Parmesan bestreuen.

200 g Emmentaler, in Stücken   in den Mixtopf geben. **8 Sekunden / Stufe 6** zerkleinern.

Rühraufsatz einsetzen!

4 Eigelbe   in den Mixtopf geben.

100 g Frischkäse
50 g Weizenmehl Type 405
150 g saure Sahne 10%   zugeben und **10 Sekunden / Stufe 3** vermischen. Eiweiß zugeben und **8 Sekunden / Stufe 2** vermischen.

Die Teigmasse auf dem Backblech verstreichen und **18 Minuten bei 200°C Ober- / Unterhitze** backen. Auf ein Geschirrtuch stürzen, das Backpapier abziehen und 10 Minuten abkühlen lassen.

60 g rote Zwiebeln   schälen, halbieren und in den Mixtopf geben. **5 Sekunden / Stufe 5** zerkleinern. Die Stückchen von der Topfwand nach unten schieben.

10 g Olivenöl   zugeben und **3 Minuten / Garstufe / Stufe 1** andünsten.

200 g Salatgurke   schälen, in dünne Scheiben schneiden und zugeben.

Kochen

1/2 TL Dill Pfeffer 1 TL gekörnte Gemüsebrühe	zugeben und **3 Minuten / Garstufe / Linkslauf / Stufe 1** andünsten. Mit Hilfe des Garkörbchens die gedünsteten Gurkenscheiben abtropfen lassen und auf der gebackenen Teigplatte verteilen.
200 g Schafskäse	in Würfel schneiden und über den Gurkenscheiben verteilen. Die Platte aufrollen und in Scheiben geschnitten mit gemischtem Salat servieren. Die Rolle schmeckt warm oder kalt!

Nährwerte je 100 g:

211,22 kcal

884,91 KJ

12,99 g Eiweiß

15,92 g Fett

4,16 g Kohlenhydrate

0,36 g Ballaststoffe

0,35 BE

Reistopf mit Hähnchen

250 g Reis	10 Minuten in Wasser einweichen. Dann im Garaufsatz verteilen.
400 g Hähnchenbrustfilet Hähnchengewürzsalz etwas Öl	in Streifen schneiden und mit würzen. Das Fleisch in einer Pfanne mit anbraten und über dem Reis verteilen.
1/2 Salatgurke	schälen, in Scheiben schneiden und auf dem Fleisch verteilen.
Mit Salz und Pfeffer	würzen.
10 Stück Kirschtomaten (oder 2 Tomaten in Scheiben)	halbieren und darauf verteilen.
1 Knoblauchzehe	in den Mixtopf geben und **5 Sekunden / Stufe 5** zerkleinern.
5 g Olivenöl	zugeben und **3 Minuten / Garstufe / Stufe 1** andünsten.
100 g Schafskäse, gewürfelt 1 TL gekörnte Gemüsebrühe Pfeffer	auf dem Gemüse verteilen.
800 g heißes Wasser 1 geh. TL gekörnte Gemüsebrühe	in den Mixtopf füllen, den Mixtopf mit dem Deckel verschließen und den Garaufsatz aufsetzen. **30 Minuten / Garstufe / Stufe 2** garen.
Brühe (ca. 400 g vom restl. Garsud)	im Mixtopf behalten.
100 g Sahne Pfeffer 20 g Weizenmehl Type 405 Saft von 1/2 Zitrone	Die restlichen Zutaten zugeben und **3 Minuten / 100°C / Stufe 4** zur Soße einkochen.

Kochen

Polentaknödel mit Gemüse

50 g Parmesan, in Stücken 1 EL Petersilie	in den Mixtopf geben und **6 Sekunden / Stufe 10** zerkleinern. Umfüllen!
1 Knoblauchzehe	im Mixtopf **5 Sekunden / Stufe 5** zerkleinern.
300 g heißes Wasser 300 g Vollmilch 1 TL gekörnte Gemüsebrühe 1/2 TL Rosmarin 30 g Butter	zugeben und **5 Minuten / Garstufe / Stufe 2** erhitzen.
280 g Maisgrieß (Polenta)	zugeben. **3 Minuten / 100°C / Stufe 3** kochen. **10 Minuten / 60°C / Stufe 2** ziehen lassen. 5 Minuten abkühlen lassen.
zerkl. Parmesan	zugeben und **20 Sekunden / Stufe 5** verrühren. Mit einem Eisportionierer Kugeln formen und in den Einlegeboden des Garaufsatzes legen.
150 g frische Champignons 1 rote Paprika	putzen und in Scheiben schneiden. putzen und stifteln. Zusammen mit den Pilzen im Garaufsatz verteilen.
250 g Brokkoliröschen 150 g Möhren, in dünnen Scheiben	im Garaufsatz verteilen.
1 Bund Schnittlauch Mit 1 TL Kräutersalz	in Röllchen geschnitten über dem Gemüse verteilen. würzen.
1 Schalotte 20 g Butter	in den Mixtopf geben und **5 Sekunden / Stufe 5** zerkleinern. zugeben und **3 Minuten / Garstufe / Stufe 2** erhitzen.
100 g Roséwein 20 g Marsala 400 g heißes Wasser 2 geh. TL gekörnte Gemüsebrühe	zugeben. Den Topf verschließen und den Garaufsatz mit dem Einlegeboden aufsetzen. **25 Minuten / Garstufe / Stufe 2** garen. Das Gemüse mit der Polenta warm halten.

Kochen

Garsud

im Mixtopf lassen.

100 g Frischkäse
20 g Weizenmehl Type 405
Salz, Pfeffer, Muskat

zum Garsud geben und **3 Minuten / 100°C / Stufe 4** erhitzen. Mit den Gewürzen abschmecken. Sofort servieren!

Nährwerte je 100 g:

106,43 kcal

445,77 KJ

3,45 g Eiweiß

4,50 g Fett

11,15 g Kohlenhydrate

1,55 g Ballaststoffe

0,93 BE

Penne mit Olivenpesto

Pesto:

50 g Pecorino, in Stücken
40 g eingel. getr. Tomaten
1 Knoblauchzehe
1 Bund Basilikum
60 g grüne Oliven in Kräutern

Alle Zutaten in den Mixtopf geben (Bild 1) und **6 Sekunden / Stufe 8** zerkleinern (Bild 2).

40 g Olivenöl
1/4 TL Salz, Pfeffer

zugeben, **10 Sekunden / Stufe 4** vermischen und umfüllen.

1 rote Paprika (ca. 200 g)
1 kleine Zucchini (ca. 100 g)
150 g Champignons
1 TL gekörnte Gemüsebrühe

Gemüse putzen, in mundgerechte Stücke bzw. Scheiben schneiden, würzen und im Garaufsatz verteilen (Bild 3).

1,2 Liter heißes Wasser
1 TL Salz
10 g Öl
280 g Penne

in den Mixtopf geben. Den Mixtopf verschließen und den Garaufsatz aufsetzen. **15 Minuten / Garstufe / Linkslauf / Stufe 1** bissfest garen (Garprobe machen).

Das gegarte Gemüse mit dem Pesto in eine Schüssel geben, die Nudeln im Garaufsatz abgießen und kurz abtropfen lassen. Zum Gemüse geben, vermischen und sofort servieren.

Nährwerte je 100 g:

122,27 kcal
512,15 KJ
4,41 g Eiweiß
4,80 g Fett
15,13 g Kohlenhydrate
1,98 g Ballaststoffe
1,22 BE

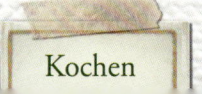
Kochen

113

Kartoffelsuppe mit Steinpilzen

800 g heißes Wasser 3 geh. TL gekörnte Hühnerbrühe	in den Mixtopf geben und **4 Minuten / 100°C / Stufe 1** erhitzen.
50 g getrocknete Steinpilze	zuwiegen, **5 Sekunden / Stufe 3** mischen, umfüllen und 1 Stunde einweichen.
1 Knoblauchzehe 1 Frühlingszwiebel	in den Mixtopf geben. **5 Sekunden / Stufe 5** zerkleinern.
10 g Olivenöl	zugeben und **3 Minuten / Garstufe / Stufe 1** andünsten.
300 g mehlige Kartoffeln	geschält, in Stücken zugeben und **5 Sekunden / Stufe 5** zerkleinern.
Brühe mit Pilzen 100 g Roséwein	zugeben und **20 Minuten / 100°C / Stufe 2** kochen. Dann **15 Sekunden / Stufe 10** pürieren.
150 g Sauerrahm 20% 1 Handvoll Petersilie	zugeben und **2 Minuten / Garstufe / Stufe 2** erhitzen. Nochmals **10 Sekunden / Stufe 10** aufschäumen.
Mit Salz, Pfeffer, Muskat	abschmecken.
40 g Katenschinken 2 EL Sonnenblumenöl	in einer beschichteten Pfanne erhitzen.
50 g Brotwürfel vom Vortag	zugeben und anrösten.
	Sofort in Tassen mit den Speckcroutons servieren!

 Suppen

Tomatensuppe mit Reis

80 g Reis, parboiled	ins Garkörbchen abwiegen.
2 Knoblauchzehen	in den Mixtopf geben. **5 Sekunden / Stufe 5** zerkleinern.
10 g Olivenöl	zugeben und **3 Minuten / Garstufe / Stufe 2** erhitzen.
1 rote Paprika 1 säuerl. Apfel, entkernt	Beides in Stücken zugeben und **5 Sekunden / Stufe 5** zerkleinern.
600 g heißes Wasser 40 g Tomatenmark 1/2 TL Chilipulver ein paar Blättchen Thymian und Majoran 1 Dose Pizzatomaten (400 g) 2 TL gekörnte Gemüsebrühe	Die restlichen Zutaten zugeben. Das Garkörbchen mit dem Reis in den Mixtopf einhängen und **25 Minuten / 100°C / Stufe 1** kochen. Die Suppe **15 Sekunden / Stufe 10** pürieren.
Mit Salz und Pfeffer	abschmecken.
Mit je 1 Klecks Sauerrahm 10%	und dem Reis in Suppenschüsseln verteilen!

Nährwerte je 100 g:

46,97 kcal

196,24 KJ

1,16 g Eiweiß

1,46 g Fett

7,05 g Kohlenhydrate

0,92 g Ballaststoffe

0,59 BE

Suppen

Kalte grüne Suppe

30 g Frühlingszwiebeln — in Stücken in den Mixtopf geben. **5 Sekunden / Stufe 5** zerkleinern.

30 g Butter
2 TL gekörnte Gemüsebrühe — zugeben und **3 Minuten / Garstufe / Stufe 1** andünsten.

200 g Salatgurke
2 reife Avocados — schälen und in Stücken in den Mixtopf geben. **8 Sekunden / Stufe 6** zerkleinern.

500 g Buttermilch
20 g Zitronensaft
Salz, Pfeffer
200 g Sauerrahm — Die restlichen Zutaten zugeben und **20 Sekunden / Stufe 10** pürieren. Abschmecken. In Gläser verteilen!

200 g Kirschtomaten — vierteln und in den Mixtopf geben.

10 g Balsamico bianco
1/2 TL grünes Tomatensalz (im Kapitel Herbst)
10 g Olivenöl — zugeben und **3 Minuten / 90°C / Stufe 1** erwärmen. Zu der Suppe servieren.

Nährwerte je 100 g:

109,41 kcal

458,09 KJ

2,18 g Eiweiß

9,89 g Fett

2,89 g Kohlenhydrate

1,13 g Ballaststoffe

0,23 BE

Brühe mit Spinatflädle

Flädle:

100 g helles Dinkelmehl Type 630
1/2 TL Salz
2 Eier Gr. M
60 g Spinat, aufgetaut und abgetropft
300 g Vollmilch

Alle Zutaten im Mixtopf **10 Sekunden / Stufe 6** mischen. ½ Stunde quellen lassen. Pfannkuchen in etwas Öl ausbacken, abkühlen lassen. Aufrollen und in dünne Streifen (Flädle) schneiden.

Die Flädle in Teller verteilen und mit heißer Brühe übergießen.

Brühe:

1 Knoblauchzehe

in den Mixtopf geben und **5 Sekunden / Stufe 5** zerkleinern.

10 g Olivenöl

zugeben und **3 Minuten / Garstufe / Stufe 1** andünsten.

1 Tomate, halbiert

zugeben und **8 Sekunden / Stufe 7** zerkleinern.

20 g Sellerie
50 g Möhren
2 Frühlingszwiebeln
1 Handvoll Petersilie

Gemüse in Stücken zugeben. **8 Sekunden / Stufe 4-5** zerkleinern.

1,2 Liter heißes Wasser
3 geh. TL gekörnte Gemüsebrühe
Pfeffer

zugeben und **25 Minuten / 100°C / Stufe 2** kochen.

Suppen

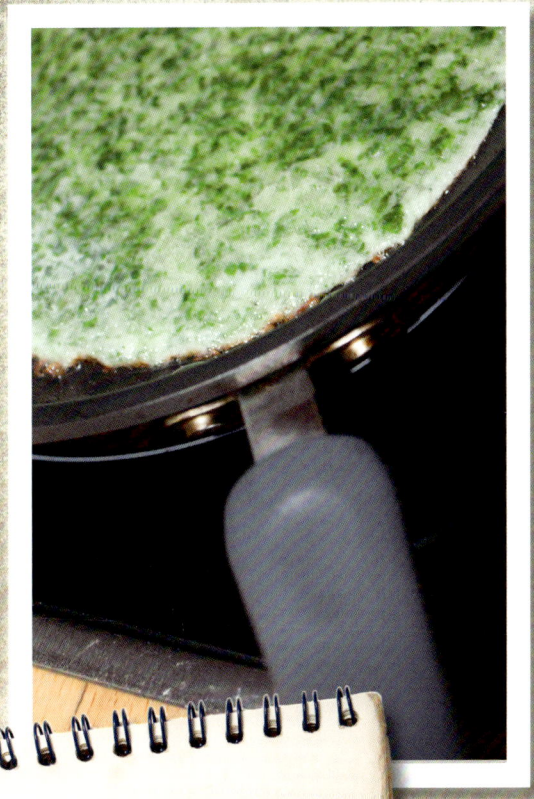

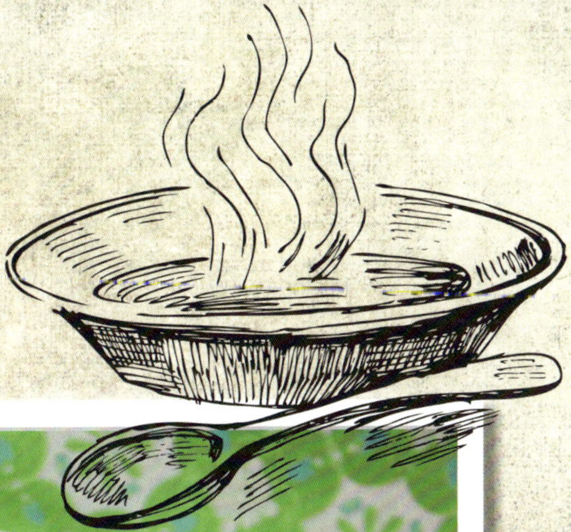

Nährwerte je 100 g:

44,27 kcal
185,83 KJ
2,07 g Eiweiß
1,82 g Fett
4,83 g Kohlenhydrate
0,64 g Ballaststoffe
0,40 BE

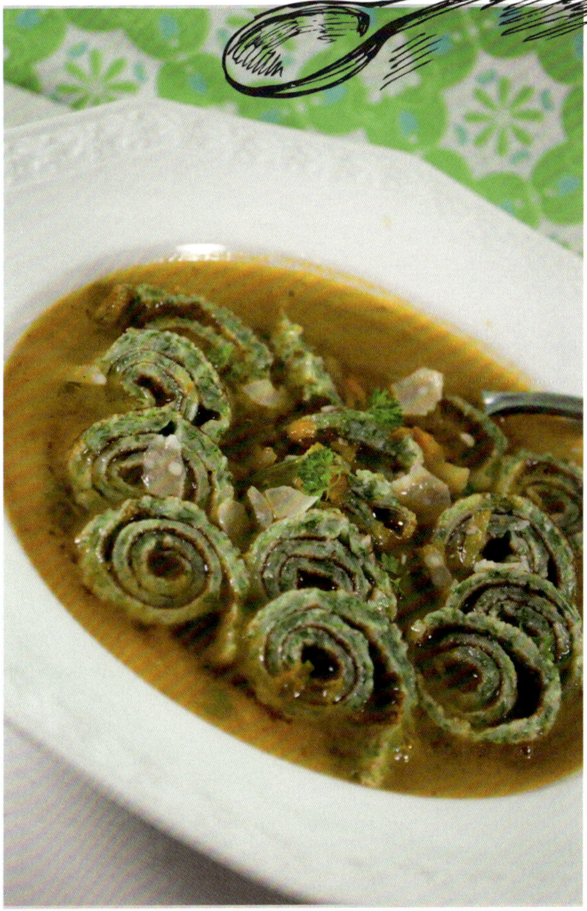

Himbeer-Sekt-Konfitüre

```
600 g Himbeeren
200 g Orangensaft
Saft von einer 1/2 Zitrone
1 Piccolo Prosecco oder Sekt
500 g Gelierzucker 2:1
```

Alle Zutaten in den Mixtopf geben und **10 Sekunden / Stufe 6** zerkleinern. Danach **12 Minuten / 100°C / Stufe 3** kochen.

Sofort in heiß ausgespülte Gläser füllen und verschließen.

Beerenmarmelade mit Schuss

```
200 g Himbeeren
200 g Stachelbeeren
200 g Schwarze Johannisbeeren
40 g Cassislikör
320 g Gelierzucker 2:1
```

Alle Zutaten in den Mixtopf geben und **8 Sekunden / Stufe 7** zerkleinern.

Danach **10 Minuten / 100°C / Stufe 2** kochen.

Sofort in heiß ausgespülte Gläser füllen und verschließen.

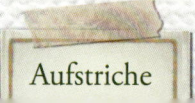
Aufstriche

Nährwerte je 100 g:
160,39 kcal
679,97 KJ
0,66 g Eiweiß
0,15 g Fett
35,99 g Kohlenhydrate
2,68 g Ballaststoffe
0,31 BE

Nährwerte je 100 g:
172,46 kcal
730,62 KJ
0,72 g Eiweiß
0,15 g Fett
38,99 g Kohlenhydrate
3,50 g Ballaststoffe
0,53 BE

Käsekuchen ohne Boden

100 g weiße Schokolade, in Stücken — in den Mixtopf geben und **3 Sekunden / Stufe 6** zerkleinern.

150 g Butter, in Stücken
120 g Zucker
4 Eier Gr. M — zugeben und **3 Minuten / 37°C / Stufe 5** verrühren.

1 Banane, in Stücken
5 g Zitronensaft
1 Pck. Vanillepuddingpulver — zugeben und **8 Sekunden / Stufe 8** rühren.

1 kg Magerquark — abtropfen lassen, zugeben und **20 Sekunden / Stufe 5** vermischen.

Die Masse in eine runde eingefettete oder mit einem Einleger ausgelegte Springform (Größe 26 cm) füllen.

50 gefr. Himbeeren — in die Masse drücken.

Im vorgeheizten Backofen **40 Minuten bei 200°C Ober- / Unterhitze** backen.

In der Form auskühlen lassen.

Nährwerte je 100 g:
197,24 kcal
826,84 KJ
9,80 g Eiweiß
10,41 g Fett
15,75 g Kohlenhydra[t]
0,32 g Ballaststoffe
1,31 BE

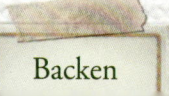
Backen

Erdbeertörtchen

90 g Butter

30 g Rohrzucker
1 Prise Salz, 10 g Kakao
150 g Weizenmehl Type 405
1 Ei Gr. M

Füllung:
200 g Schlagsahne

60 g Erdbeeren

100 g Magerquark
1 TL Johannisbrotkernmehl
2 Pck. Vanillezucker

geschlagene Sahne

Mit Obst und Schokoladenglasur

Den Backofen auf **200°C Ober- / Unterhitze** vorheizen.

in Stücken in den Mixtopf geben.

Die restlichen Zutaten zugeben und **15 Sekunden / Stufe 4** rühren. Den Teig in eine Mini-Muffinsform verteilen. Mit Hilfe eines leicht bemehlten Teigformers Förmchen herstellen.

Im vorgeheizten Backofen bei **200°C Ober- / Unterhitze ca. 12 Minuten** backen.

in den kalten Mixtopf geben. Auf **Stufe 10** steif schlagen. Umfüllen.

geputzt in den Mixtopf geben und **5 Sekunden / Stufe 5** zerkleinern.

Den Rühraufsatz einsetzen!

zu den Erdbeeren geben und **8 Sekunden / Stufe 2** rühren.

von Hand mit dem Spatel unterheben. Die Masse in die Körbchen spritzen.

nach Belieben garnieren.

Nährwerte je 100 g:

293,52 kcal

1229,30 KJ

6,11 g Eiweiß

20,04 g Fett

22,41 g Kohlenhydrate

1,68 g Ballaststoffe

1,87 BE

Mango Muffins

80 g Zucker
150 g Butter
1 Ei Gr. M
1 Pck. Bourbon-Vanille

120 g saure Sahne 10%

250 g Weizenmehl Type 405
1/2 Päckchen Backpulver
200 g Mango, in Stücken

Nährwerte je 100 g:

305,96 kcal

1280,93 KJ

4,47 g Eiweiß

17,09 g Fett

33,49 g Kohlenhydrate

1,54 g Ballaststoffe

2,79 BE

⇒ Den Backofen auf **180°C Ober- / Unterhitze** vorheizen.

in den Mixtopf geben und **1 Minute / 37°C / Stufe 4** schaumig rühren.

zugeben und **8 Sekunden / Stufe 4** unterziehen.

Restliche Zutaten zugeben und **1 ½ Minute / Knetstufe** verrühren.

⇒ Den Teig in Silikon-Muffinsförmchen (oder ein Muffinsblech) verteilen. Die Teigmenge ergibt ca. 18 Stück.

Bei **180°C Ober- / Unterhitze ca. 30 Minuten** backen.

Nach Belieben mit Zuckerguss, Schokoladenguss oder Puderzucker verzieren.

Backen

Charlotte royal

⤳ Den Backofen **auf 250°C Ober- / Unterhitze** vorheizen. Rühraufsatz einsetzen!

4 Eier, Gr. M
100 g Zucker
1 Msp. Bourbon-Vanille

in den Mixtopf geben und **5 Minuten / 37°C / Stufe 4** schaumig schlagen (Bild 1).

100 g Weizenmehl Type 405
1 Pck. Vanille-Puddingpulver
1 TL Backpulver

zugeben und **15 Sekunden / Stufe 2 abwechselnd mit Linkslauf** unterrühren.

Ein Backblech mit Backpapier auslegen und den Teig gleichmäßig darauf verteilen.

⤳ Im vorgeheizten Backofen **6-8 Minuten** auf mittlerer Schiene backen (Bild 2) - aufpassen!

Die Teigplatte auf ein trockenes Handtuch stürzen. Das Papier entfernen (Bild 3).

Mit Himbeermarmelade

den Biskuit bestreichen (Bild 4), aufrollen und abkühlen lassen.

In 20 Scheiben schneiden und eine gefettete Schüssel mit 14 Scheiben auslegen (Bild 5).

Den Mixtopf gut säubern.

400 g Sahne
50 g Zucker

in den kalten Mixtopf geben und auf **Stufe 10** steif schlagen. Umfüllen!

1 Piccolo Prosecco (200 ml)

in den Mixtopf geben.

2 Beutel Gelatine fix
(Dr. Oetker)

zugeben und mit dem Rühraufsatz **20 Sekunden / Stufe 3** verrühren.

Geschlagene Sahne

zugeben und **20 Sekunden / Stufe 1-2** unter die Masse rühren.

Die Creme in die Schüssel mit den Biskuitscheiben füllen, mit den restlichen Biskuitscheiben bedecken und im Kühlschrank fest werden lassen.

Die Charlotte auf eine Platte stürzen und nach Lust und Laune verzieren.

Backen

Nährwerte je 100 g:
250,18 kcal
1048,55 KJ
4,51 g Eiweiß
10,73 g Fett
31,55 g Kohlenhydrate
1,77 g Ballaststoffe
2,63 BE

Beerenschnitten

➠ Den Backofen auf **200°C Ober- / Unterhitze** vorheizen.

150 g Rohrzucker

im Mixtopf **10 Sekunden / Stufe 10** pulverisieren.

3 Eiweiße

zugeben, Den Rühraufsatz einsetzen. **4 Minuten / 37°C / Stufe 4** zu Eischnee schlagen. Umfüllen und kalt stellen.

250 g Naturjoghurt
3 Eigelbe
300 g Weizenmehl Type 405
1 Pck. Weinsteinbackpulver

in den Mixtopf geben und **15 Sekunden / Stufe 5** mischen.

Den Eischnee

von Hand mit dem Spatel vorsichtig unter die Masse heben.

Auf ein mit Backpapier ausgelegtes Backblech streichen.

Ca. **12 Minuten** im vorgeheizten Backofen bei **200°C Ober- / Unterhitze** auf mittlere Backschiene backen.

30 ml Zitronenlikör (Seite 74)

auf der noch heißen Teigplatte verteilen (Bild 1) und auskühlen lassen.

250 g Schlagsahne
1 Beutel Gelatine fix
(Dr. Oetker)

im kalten, sauberen Mixtopf auf **Stufe 10** zu Sahne schlagen. Umfüllen!

200 g Naturjoghurt
1 Beutel Gelatine fix

in den Mixtopf geben und **8 Sekunden / Stufe 4** vermischen.

80 g Rohrzucker
300 g gemischte Beeren, leicht angetaut
geschlagene Sahne

zugeben und mit Rühraufsatz **10 Sekunden / Linkslauf / Stufe 2** unterheben.

Die Masse auf der Teigplatte verstreichen (Bild 2) und mindestens 2 Stunden kalt stellen.

Nach Belieben mit Beeren bestreuen.

Backen

Erklärungen:

Begriffe:

Begriff *„in Stücken"* - die Stücke einer Zutat gerade so groß schneiden, dass sie durch die Deckelöffnung passen, auch wenn Sie die Zutat direkt in den geöffneten Topf schneiden.

Garstufe - die höchste Temperaturstufe (Varomastufe)

Garaufsatz - hier ist der Aufsatz (mit durchsichtigem Deckel) gemeint, der auf den geschlossenen Topf aufgesetzt wird.

Einlegeboden - der Zwischenboden mit Löchern, der beim Bedarf in den Garaufsatz eingesetzt wird.

Garkörbchen - das gelochte Sieb, das direkt in den Topf eingehängt wird.

Abkürzungen:

MB - Messbecher, mit dem man den Topfdeckel verschließt, (100 ml)

Msp. - Messerspitze

TL - Teelöffel

EL - Esslöffel

KH - Kohlenhydrate

BE - Broteinheiten

Nährwerte sind für 100 g angegeben. Falls Sie die WW-Punkte verwenden, ist es Ihnen möglich, sie mit dem Kalkulator selber zu berechnen. Alle notwendigen Angaben, die Sie für die Berechnung mit dem ProPoints® Kalkulator benötigen, haben wir in den Nährwerten aufgeführt.

Die Gerichte sind für *4 Personen* berechnet.

Erklärungen

Index

Index

Index

DAUERBACKFOLIEN UND BACKFORMEN-EINLEGER

Wiederverwendbare Backfolien - braun, schwarz und silber mit unterschiedlichen Backeigenschaften.

KÜCHENHILFEN AUS SILIKON

Wir bieten viele Küchenhilen aus Silikon, hitzebeständig bis 260°C und spülmaschinengeeignet. Leicht zu reinigen. Lieferbar in mehreren Farben.

PRAKTISCHE SCHNEIDEBRETTER

Anti-rutschfeste Schneidebretter in verschiedenen Farben. Der beste Schutz für Ihre Messer.

MUFFINSFÖRMCHEN AUS SILIKON

Beim Teigeinfüllen halten sie „Stand". Beim Backen läuft nichts aus. Und dann in der Spülmaschine waschen und wieder benutzen.

DEKORATIVER HALTER FÜR MUFFINS

Eine sehr schöne Idee fürs Servieren von Muffins und Cupcakes. Wunderschön auf dem Tisch. Ein Muss für jeden Kindergeburtstag.

MINIMUFFINSFORM MIT DRÜCKER

Für kleineTartes, Muffins, Fingerfood und andere „kleine" Ideen. Rezepte finden Sie z. B. in unserem Buch „Neue Backideen".

REINIGUNGSBÜRSTE FÜR TOPFMESSER

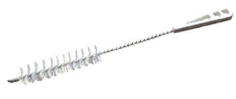

Eine kleine Bürste, genau passend unter die Mixtopfmesser. Die Borsten haben genau die richtige Härte, um wirklich alles sauber zu reinigen.

DEKO-QUEEN

Ein Set zum Dekorieren von CupCakes, Kuchen und Desserts, mit großer Stern- und Lochtülle aus Edelstahl.

VERSCHIEDENE BACKFORMEN

Wir bieten eine Auswahl an verschiedenen Backformen mit langlebiger Beschichtung an.

Neues Kochbuch ❧
❧ Neue Backideen

Ringbuch,
160 Seiten mit
Fotos und Schritt-
bildern,
Preis 18,50 €

ISBN 978-3-942777-09-4

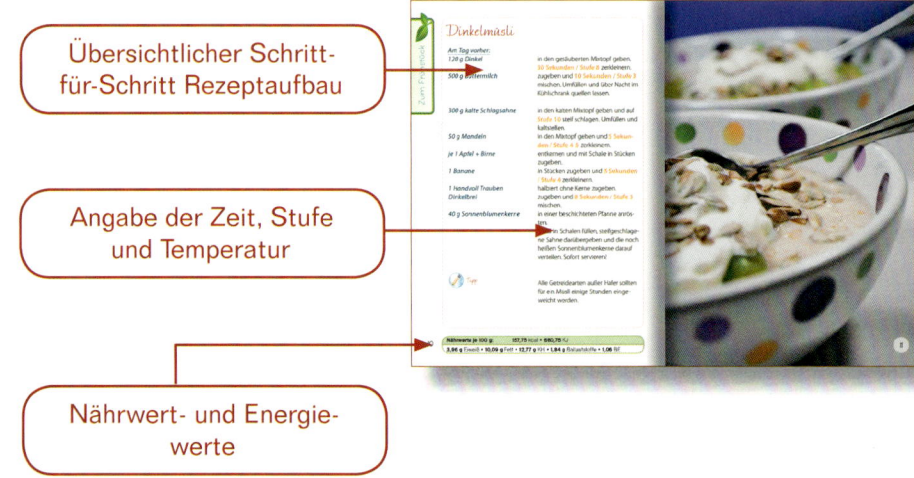

❀ Sie finden in diesem Buch eine Vielfalt an neuen Backideen und Anregungen für Brot, Brötchen, herzhaftes Gebäck, pikante und süße Muffins, Kuchen und Torten sowie süßes Weihnachtsgebäck.

❀ Rezepte sind mehrmals erprobt und mit viel Hingabe zum Detail von Gabi Wolpensinger fotografiert.

❀ Größeres Format 21 x 21 cm, damit mehr Bilder und Schrittbilder einen Platz finden.

❀ Alle Rezepte beinhalten die notwendigen Arbeitsangaben, wie Zeit, Temperatur und Stufe.

Übersichtlicher Schritt-für-Schritt Rezeptaufbau

Angabe der Zeit, Stufe und Temperatur

Nährwert- und Energie-werte

Das bieten wir an:

- Kochbücher für Thermomix® TM31 oder TM21.

- In den Rezepten sind alle notwendige Angaben für die Zubereitung im Thermomix angegeben (Stufe, Temperatur und Zeit).

- Alle Bücher sind als praktisches Ringbuch im A5-Format oder im Format 21 x 21 cm gebunden und lassen sich dank der stabilen Spiralbindung um 360° umklappen.

- Viele Bücher beinhalten Nährwerte, damit Sie die Punkte mit dem Kalkulator selbst ausrechnen können.

- Die neuesten Bücher haben hochwertige Fotos zu jedem Rezept.

- Inhaltsverzeichnisse und Musterseiten zum Blättern in unserem Internetshop.

BLECH- U. RÜHRKUCHEN
Die schnellsten Kuchen.
50 Rezepte für Blechkuchen
und 50 Rezepte für Rühr-
kuchen.
Best.-Nr. 010 • Preis € 12,-

KOCHSCHULE 1
Das richtige Buch für TM-
Anfänger. Große Vielfalt
an Rezepten der täglichen
Küche.
Best.-Nr. 011 • Preis € 13,50

KOCHSCHULE 2
Hier der zweite Band.
Unkomplizierte, schnelle
Rezepte.
Best.-Nr. 012 • Preis € 13,50

KOCHSCHULE 3
Der dritte Band. Unkom-
plizierte, bodenständige
Rezepte.
Best.-Nr. 024 • Preis € 16,50
BUCH MIT FOTOS!

GESCHENKE
Geschenke für Ihre Liebs-
ten aus dem Thermomix -
gekocht und gebacken.
Best.-Nr. 026 • Preis € 15,50
BUCH MIT FOTOS!

JAHRESZEITEN
Kochen mit den Jahreszei-
ten. Mit den jahreszeitüblichen Zutaten.
Best.-Nr. 015 • Preis € 13,50

LEICHTE KÜCHE
Rezepte, die nichts am
Genuss einbüßen und
obendrein gesund sind.
Best.-Nr. 020 • Preis € 16,50
BUCH MIT FOTOS!

SCHNELLE KÜCHE
Gerichte, die man im
Handumdrehen zubereiten
kann. Tägliche, unkompli-
zierte Küche.
Best.-Nr. 021 • Preis € 16,50
BUCH MIT FOTOS!

FRISCHE KÜCHE
Schnelle, leichte und ge-
müsereiche Kost. Viele
Rezepte für den Gar-
aufsatz.
Best.-Nr. 014 • Preis € 13,50

NEUE BACKIDEEN
Großes Backbuch, von Brötchen über
Muffins bis zur Weihnachtsbäckerei,
herzhaft und süß.
Best.-Nr. 027 • Preis € 18,50
**BUCH MIT FOTOS UND SCHRITTBIL-
DERN**

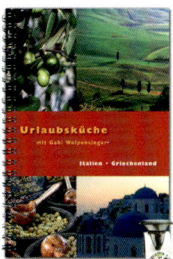

URLAUBSKÜCHE 1
Rezepte zum Träumen.
Das Feeling von Sonne
und Meer zu Hause zum
Nachkochen.
Best.-Nr. 022 • Preis € 16,50
BUCH MIT FOTOS!

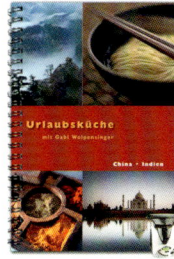

URLAUBSKÜCHE 2
Fernöstliche Leckereien
aus Ihrem Thermomix.
Süß, sauer und gerne
auch scharf.
Best.-Nr. 023 • Preis € 16,50
BUCH MIT FOTOS!

HEUTE OHNE FLEISCH
Backen und Kochen ohne
Fleisch. Mit Obst und Ge-
müse, leicht und lecker
durch den Tag.
Best.-Nr. 025 • Preis € 16,50
BUCH MIT FOTOS!

SÜSSES BACKWERK
Ein Standardwerk mit
Grundrezepten für alle
gängigen Teige. Obstku-
chen, Apfelkuchen, herz-
haftes Gebäck uvm.
Best.-Nr. 013 • Preis € 12,-

BACKEN, RÜHREN, MIXEN

Ein sehr umfangreiches Backbuch mit 120 Rezepten. Inclusive Weihnachtsbäckerei ist alles dabei.
Best.-Nr. 001 • Preis € 12,-

KOCHEN, RÜHREN, MIXEN TEIL 1

Unser Grundkochbuch für die TM21-Benutzer. Alle wichtigsten Rezepte für den Anfang.
Best.-Nr. 002 • Preis € 12,-

KOCHEN, RÜHREN, MIXEN TEIL 2

Der zweite Band von unserem Grundkochbuch für die TM21-Benutzer. Rezepte für den Anfang.
Best.-Nr. 003 • Preis € 12,-

FRISCHE KÜCHE

Hier Ausgabe für TM21. Schnelle, leichte und gemüsereiche Kost. Viele Rezepte für den Garaufsatz.
Best.-Nr. 017 • Preis € 12,-

Nützliche Küchenhelfer

BUCHSTÄNDER

Mit diesem Ständer steht Ihr Kochbuch direkt auf dem Arbeitsplatz und die Seiten sind gut geschützt.

KOCHEN, DÜNSTEN, GAREN

Rezeptbuch für den Garaufsatz. Komplette Menüs, viele Suppen, Soßen, Aufläufe und Hauptgerichte.
Best.-Nr. 004 • Preis € 12,-

GETRÄNKE & BROTAUFSTRICHE

50 alkoholfreie Getränke, 50 süße und herzhafte Aufstriche. Zum Selbermachen.
Best.-Nr. 005 • Preis € 12,-

RICHTIG TRENNEN

Ein Trennkostbuch für TM21-Benutzer. 111 erprobte Rezepte mit Nährwerten und Trennkost-Kennzeichnung.
Best.-Nr. 006 • Preis € 12,-

JAHRESZEITEN

Hier Ausgabe für den TM21. Kochen mit den Jahreszeiten. Mit den jahreszeitüblichen Zutaten.
Best.-Nr. 018 • Preis € 12,-

BESCHICHTETE BACKFORMEN

Ideal zum Abbacken knuspriger Brötchen und Baguettes.

FLEISCHLOSE TAGE TEIL 1

100 Vollwertrezepte mit Nährwertangaben. Bratlinge, vollwertiges Frühstück, Vollwertbäckerei, Suppen und Hauptgerichte.
Best.-Nr. 007 • Preis € 12,-

FLEISCHLOSE TAGE TEIL 2

Kochbuch für Allergiker. Glutenfreie Rezepte, mit Reis, Mais und Buchweizen. Und für Milcheiweißallergiker Rezepte mit Tofu und Soja.
Best.-Nr. 008 • Preis € 12,-

TORTENBUCH

100 erprobte Tortenrezepte, Schritt für Schritt geschrieben, dass alles sicher gelingt. Zaubern Sie perfekte Torte zu jedem Anlass.
Best.-Nr. 009 • Preis € 12,-

PIZZASTEIN MIT SCHNEIDEMESSER

Zum Backen von Pizza (frisch oder gefroren), Brot und Brötchen oder Kuchen. 32 cm groß und mit Griffen zum Servieren.